# COUREUR DES OCÉANS

Michel Desjoyeaux

# COUREUR DES OCÉANS

Odile Jacob

15, RUE SOUFFLOT, 75005 PARIS

www.odilejacob.fr

ISBN : 978-2-7381-2193-6

*À May et Henri.*
*À Adrien, Tristan et Jérémie,*
*pour qu'ils aillent au bout de leurs rêves,*
*quels qu'ils soient…*
*À Régine, soutien inconditionnel*
*dès la première heure.*

*Rêver un impossible rêve*
*Porter le chagrin des départs*
*Brûler d'une possible fièvre*
*Partir où personne ne part [...]*
*Tenter, sans force et sans armure,*
*D'atteindre l'inaccessible étoile.*

Jacques BREL, *La Quête.*

# Préambule

```
De: FONCIA2
Env: lun. 10/11/2008 13:44
À: directioncourse
Objet: Retour au port

Bonjour,
Conformément à l'article 12.2.2., je demande
au directeur de course l'autorisation de
rentrer au port des Sables-d'Olonne pour y
recevoir assistance. J'ai bien noté que je
devrais rester seul à bord jusqu'à l'est de
Nouch Sud.
Salutations.
Michel Desjoyeaux
ETA[1] aux Sables pour rentrer : 22 h 30 TU
minimum.
```

Je fais demi-tour. La mort dans l'âme, les dents serrées, les mains crispées sur la barre, je dois faire demi-tour. La course vient de commencer, je suis bien

1. *ETA : Estimated time arrival,* soit l'heure d'arrivée estimée.

placé, en pointe du paquet de tête. Et pourtant, je dois revenir au port.

Le Vendée Globe 2008 débute mal. Parmi les trente concurrents, nous sommes quelques-uns déjà à revenir vers la maison. Pour moi, la décision a été rude à prendre, mais c'est la seule qui soit raisonnable. Raisonnable ? Le mot, en mer, sonne bizarrement. Il n'y a rien de raisonnable à se lancer dans cette course, en solitaire, sur une coque de 18 mètres, propulsée par des bouts de toile, face aux pires océans du monde. Il faut être fou, incontestablement, pour faire le tour du globe, sans escale et sans assistance, en traversant des tempêtes, en se battant contre des vagues de 10 mètres, en tentant de surmonter les éléments, le vent, la météo, la solitude. Raisonnable ? Le mot convient aussi bien au Vendée Globe qu'un chausse-pied à un crocodile.

Pourtant, c'est bien la raison qui me dicte de revenir. Dans trente secondes, je vais être bon dernier. Pire, retardataire. Et ça, je n'aime pas.

Nous sommes partis la veille, dimanche 9 novembre 2008, à 13 h 10. Très vite, j'ai constaté une fuite de ballast, ces réservoirs d'eau de mer que nous remplissons ou vidons grâce à un système d'écopes situées sous la coque et qui servent à équilibrer le bateau, modifiant la répartition des poids en fonction de l'allure ou des conditions de mer. L'un des joints de fermeture du ballast, soumis à de rudes épreuves, a perdu son étanchéité. À force de marcher dessus, au port, lors du mois précédant le départ, nous l'avons délogé, un peu comme un joint de porte de réfrigérateur qui se serait déplacé. Rien de grave, c'est réparable. Dans un premier temps, j'ai tenté de vider l'eau qui passait sous le capot du moteur, à l'aide de la pompe électrique. Elle s'est désamorcée rapidement, mais j'ai conclu joyeusement que j'avais limité les dégâts puisqu'il n'y avait plus d'eau qui sortait de la pompe. La réparation de la fuite attendra des moments plus cléments, je suis prêt à pomper régulièrement. Vers 2 heures du matin, j'envoie mon premier « mot de la nuit », ces messages électroniques que l'organisation nous demande d'envoyer régulièrement :

> Bon, on sera bref, ça tape, bcp, ça mouille,
> un peu, grâce à la véranda de cockpit.
> Début nominal. À plus.

En réalité, les conditions météo plutôt musclées ont transformé l'intérieur de *Foncia* en shaker, aspergeant copieusement le compartiment moteur. C'est cette eau salée, donc conductrice, qui a eu raison du faisceau électrique du moteur. Le lendemain matin, l'odeur de brûlé qui envahit la cabine lorsque je démarre le moteur pour recharger les batteries n'a rien à voir avec celle des croissants de la boulangerie de La Forêt-Fouesnant.

Je stoppe immédiatement, mais le mal est fait. En ouvrant le capot moteur, je constate que les fils électriques ont été transformés en charbon de bois. 9 h 30, temps gris, 30 nœuds au près, mer formée et courte. Trinquette et deux ris dans la grand-voile. Le règlement du Vendée Globe stipule qu'on ne peut recevoir d'assistance en mer, ni sur les trajectoires, ni sur la météo, ni pour obtenir du matériel en mer ou en récupérer dans un port quelconque. La seule escale autorisée, ce sont Les Sables-d'Olonne, pendant les dix premiers jours de course et rien d'autre. Le calcul est simple. Plus j'attends, plus j'avance. Plus je réfléchis, plus je m'éloigne de mon point de départ. Plus je me pénalise.

Donc, il faut faire demi-tour.

Et vite.

J'ai une relation étrange avec mes moteurs. Lors de mon dernier Vendée Globe, en 2001, à mi-parcours, j'ai cassé le démarreur électrique de mon diesel. L'importance du moteur dans une course à la voile comme le Vendée Globe peut paraître paradoxale. Il est en effet interdit de s'en servir en propulsion et l'arbre d'hélice est plombé avec vérification officielle à l'arrivée. Le navigateur moderne n'a malheureusement pas encore résolu le problème de la production d'énergie électrique à bord. L'évolution des techniques permet désormais de se positionner par GPS, de connaître en instantané tous les paramètres du bateau, d'avoir accès à de nombreuses informations météorologiques *via* Internet, d'utiliser des pilotes automatiques sophistiqués, des systèmes informatiques d'aide à la décision appelés logiciels de routage, de communiquer avec la terre et d'envoyer des images. Toutefois, l'ensemble est bien plus gourmand en énergie que le bon vieux sextant, l'huile de coude et le lance-pierre de Moitessier. Panneaux solaires, éoliennes, hydrogénérateur sont autant de solutions qui ont encore besoin de développements pour être réellement efficaces. Or, sans électricité, il est impossible d'alimenter ordinateurs, désalinisateur, radar, pilote automatique, etc. À l'époque, j'ai frôlé le désespoir et, dans le feu de l'action, la panne m'a fait pleurer. Tant d'efforts, tant de lutte, tant de moments difficiles, et plus de moteur ? Des larmes de rage avaient jailli de mes yeux. Passé ce moment de découragement, je m'étais repris. J'avais démonté ledit démarreur pour constater qu'il avait brûlé et ressemblait à de la ratatouille. Et j'avais trouvé une solution… que j'avais baptisée « système D », « Desjoyeaux, Démerde-toi pour Démarrer ton Diesel. » Une solution qui utilisait le vent *via* ma grand-voile et un système de poulies assez compliqué pour produire une énergie suffisamment violente et longue pour démarrer ce fichu moteur. Cette opération, improvisée avec les moyens du bord, est ensuite devenue une routine quotidienne : le démarreur « normal ». Et j'ai fini la course, sans manquer d'électricité…

Retour à la maison. Au près depuis le départ, j'ai la chance de pouvoir rentrer au portant, soit le plus vite possible. Je change de cap. Je ne préviens personne, j'agis. Nous sommes le lundi 10 novembre, il va être 10 heures du matin.

Première constatation : je mets quarante minutes à croiser le deuxième concurrent, *Delta Dore*, barré par Jérémie Beyou, environ 14 milles derrière moi. Deuxième constatation : demain, nous sommes le 11 novembre, c'est férié et, aujourd'hui, beaucoup de gens font le pont. Si j'ai besoin de quelque chose, ça va être la galère. Troisième constatation : je suis au milieu du golfe de Gascogne, à 200 milles de la côte, à 15 heures de navigation du port.

Une fois que le bateau a le nez vers Les Sables-d'Olonne, je communique. Jean-Paul Roux est sur le qui-vive. Il est mon contact à terre, le chef de mon équipe et le directeur général de ma société, Mer Agitée. Avec Marc Liardet, mon second, boat-captain de *Foncia*, ils sont joignables 24 heures sur 24 pendant tout le Vendée Globe. Ensuite, chaque membre de l'équipe a un domaine de compétence précis et, en cas de problème spécifique mais non vital, il est convenu que je joins le spécialiste directement. Je ne dérange Marc et Jean-Paul qu'en cas de problème grave ou pour faire relais si je ne parviens pas à joindre la personne concernée.

Pour quelques instants encore, ils émergent doucement de leur première soirée d'après le départ. Ils m'ont raconté plus tard qu'ils avaient projeté de « se lâcher » un peu dans les bars sablais. Juste décompression après la tension des derniers préparatifs, mais nombre d'entre eux ont été vaincus par la fatigue avant la fin des hostilités…

Jean-Paul décroche immédiatement. Je lui explique brièvement la panne. Un par un, il prévient les membres de l'équipe. Je pense à eux tous et au travail fourni. Ils n'ont pas mérité cet épisode imprévu. Chacun connaît son rôle dans le dispositif. Jean-Paul, Marc et Jean-Philippe Guillemot, coordinateur technique de Mer Agitée, organisent les choses. Cela va des horaires des marées, le port des Sables-d'Olonne ne permettant pas de rentrer à tout moment, à la simple logistique humaine, hébergement et repas à prévoir pour tous, en passant par la récupération de pièces très spécifiques chez le constructeur du moteur, dont l'usine est fermée et le personnel dispersé pour cause de pont…

J'apprendrai par la suite que de nombreux concurrents ont spontanément proposé leur aide. *Gitana* met à disposition un moteur de rechange ; *Veolia*, un convertisseur ; *Delta Dore*, son pneumatique ; Bernard Stamm, rentré comme moi pour réparation, propose également les services de son équipe. Merci les gars ! Nous n'aurons finalement pas besoin de leur matériel, mais nous apprécions tous cette solidarité. À mon arrivée dans le chenal, je constaterai que l'équipe *Foncia* est épaulée par les équipes et les pneumatiques de *Roxy* et *Akéna*. Tous répondront également présent au petit matin pour m'aider à quitter le quai. Je ne l'oublierai pas.

En m'approchant de la terre ferme, je précise à nouveau les dégâts. Nous affinons. Je suis presque vent arrière, j'avance vite : 14 nœuds. Les autres concurrents sont déjà très étalés, ils sont répartis en éventail. Ils ne me voient pas rentrer. À terre, tout le monde est dans l'action. Le temps de l'analyse viendra plus tard.

L'entrée dans le chenal des Sables, sous grand-voile avec deux ris, est assez sportive, mais, à minuit et demi, je suis au ponton du Vendée Globe. L'équipe est prête, le matériel sur le quai. Après un briefing technique et quelques échanges amicaux avec mon équipe, je fais un rapide point avec les journalistes massés sur le ponton. Jacky Lorenzetti, le patron de Foncia, est présent avec Françoise, sa femme. Un peu azimuté, je prends à peine le temps de les saluer. Je fonce à l'hôtel pour dormir. Régine m'a préparé une assiette de pâtes. Je l'avale rapidement en lui expliquant que je suis trop tendu, trop énervé, pour pouvoir dormir. Il paraît que deux minutes plus tard, je ronflais.

À 4 h 20, Marc, le boat-captain, appelle sur le téléphone de Régine : « Mich, le bateau sera prêt dans vingt minutes et tu peux sortir du port jusqu'à 5 h 15. »

Je constate que, psychologiquement, je suis affûté. Énervé, mais pas désespéré, pas atteint. Étanche.

C'est un nouveau départ. Il suffit d'y aller.

J'y vais.

Quand je reviens sur le ponton, les yeux encore un peu collés, je suis sous pression. Je n'ai qu'à m'en prendre à moi-même. J'aurais dû agir tout de suite, dès que j'ai constaté la fuite, en vidant le ballast. J'aurais alors empêché la dégradation du moteur. J'ai été trop lent, j'ai mal joué. Je n'aime pas être ma propre victime. Dans la cabine de *Foncia*, je regarde les photos scotchées au mur. Il y a là tout le trombinoscope de l'équipe. Treize personnes, onze gars et deux filles : Jean-Paul, Marc, Jean-Phi, Fred, Dimitri, Julien, Paul, Antoine, Ludo, Laurent, Clément, Nathalie et Régine… Les Broken Arms, la bande de « bras cassés » au grand complet, surnom amical qui leur vient de Damien Grimont, le vainqueur de la Mini-Transat 1991, et qu'ils se sont approprié comme un défi, y ajoutant une maxime qu'un ancien collaborateur peu dégourdi avait l'habitude de prononcer chaque fois que j'avais une nouvelle idée : « Ça, ça marchera jamais ! » Leur façon de se moquer gentiment de mon côté professeur Tournesol, et de toutes les idées – dont certaines parfois hasardeuses, c'est vrai – que nous imaginons et développons ensemble à Mer Agitée.

La veille du départ, Marco a été chargé par l'équipe de me remettre des gommettes – rouges, jaunes, vertes –, censées symboliser les bons et mauvais points de chacun Je n'en collerai aucune. Le seul coupable, c'est moi.

Je lève le nez. Le vent a forci. La nuit est bien noire, il fait froid. Je fais la visite du bateau avec Marc. Quelques gars sont encore à l'œuvre. Les caisses à outils sont remises à quai, je donne le signal du départ. L'opération de remorquage se passe bien, nous sortons du port vers 5 h 20 du matin ; le coup de vent fort, annoncé pour la nuit, est passé. Il se trouvera plus tard de bonnes âmes pour soupçonner que je suis rentré au port pour éviter cette bourrasque. Deux mâts sont déjà tombés, celui de Yannick Bestaven et celui de Kito de Pavant, sur *Groupe Bel*, l'un des favoris. Tous deux ont été contraints à l'abandon.

Le mât est un des points faibles des bateaux. Il en tombe par faiblesse, par vice de construction, par erreur de navigation. Mille raisons sont possibles. J'en ai cassé au moins trois en tant que skipper, je préfère ne pas trop m'en souvenir. C'est l'élément qui encaisse le plus de risques technologiques. Quand on conçoit un bateau de course, on joue en permanence sur le poids. Alléger le gréement de 10 kilos permet d'en gagner 100 dans la quille, par effet de bras de levier, la quille étant le contrepoids de ce qui se passe au-dessus du pont. On a donc toujours tendance à vouloir alléger le mât… D'où la fréquence des démâtages. La difficulté consiste à concevoir le mât le plus léger qui soit, mais suffisamment solide pour supporter ce qu'il a à subir. Toutes les études se concentrent là-dessus, c'est de la haute technologie. D'ailleurs, plusieurs d'entre nous ont un mât de rechange, équipé de pied en cap, dans un camion semi-remorque garé à dix minutes des Sables-d'Olonne, au cas où… Tous n'ont pas toujours cette ressource.

À bord, il faut faire vite. Je sais qu'à 5 h 30, il n'y aura plus assez d'eau dans le chenal pour que je puisse repartir. En fait, je suis surpris par la vitesse de mon équipe. Moi, j'avais prévu un départ à la marée suivante, vers midi.

Marco et Dim restent à bord, dans le chenal. Nous hissons la grand-voile, déroulons la trinquette. Le vent a bien molli, mais la houle encore forte promet un débarquement périlleux à l'extérieur du chenal. Ils sautent dans le pneumatique. Je passe les dernières bouées de chenal à la voile. Il est 5 h 40. Seul, je calcule. Le bilan n'est pas terrible. Je suis bon dernier. J'ai 40 heures de retard.

Mes calculs tournent court. J'ai des choses à faire. Je me concentre sur le positif. Je n'ai pas démâté. Je repars à neuf. Laissons ce mauvais souvenir derrière. Le Mich qui grimaçait ses émotions devant la caméra dans le Vendée Globe 2001 a disparu. Le Mich 2008 n'est pas atteint. Je suis plus dur au mal, la peau s'est épaissie, l'expérience acquise a servi. Je sais, désormais, que la course est longue et que les émotions mangent de l'énergie. Dans les compétitions, on avance, on recule, on se bat. Le seul adversaire, au bout du compte, c'est soi. Voilà, en quelques mots, la philosophie du moment : zen et mordant. Les deux en même temps. Tant que la ligne d'arrivée n'est pas franchie par le premier, tout est possible.

La solitude est un multiplicateur. Tout est violent, grossi, le moindre sourire, la moindre amertume. Un sentiment de découragement, passager quand on est à terre, peut devenir puissant en situation d'isolement. Le navigateur qui voit un coucher de soleil sublime sur le

Pacifique a parfois des vagues d'euphorie intense. C'est de cette amplification qu'il faut se méfier. À bord, les émotions peuvent servir l'adversaire. Il ne faut pas y succomber. J'ai réussi à maîtriser mes sentiments. À chaque coup dur, j'essaierai de n'avoir ni colère ni agacement. Autrefois, je me traitais de tous les noms. Aujourd'hui, je répare et j'avance. Encéphalogramme plat. Suis-je devenu insensible ? Un robot à la barre de *Foncia* ?

Peut-être est-ce finalement cette froideur qui m'a sauvé. Je n'ai pas jeté l'éponge, je suis reparti. Pour moi, en solitaire, 70 % de la performance est due au bonhomme. Le reste, c'est le bateau. Les cavaliers ont un axiome semblable : il n'y a pas de mauvais cheval, disent-ils, il n'y a que de mauvais cavaliers. En revanche, en équipage, la proportion s'inverse : 70 % de la performance est due au bateau.

> 11 novembre, message de *Foncia*.
> *Foncia* est reparti en mer vers 5 h 40, ce matin, après un pit stop digne de Ferrari, comme neuf. Un grand bravo à l'équipe technique, et aux 2 gars de chez Nanni. La mer est toujours formée mais n'a pas encore tourné ; le vent, lui, a bien molli et passé ONO.
> Bonne journée,
> Mich

Le vent est en train de retomber. À 6 heures, je suis à 450 milles du leader, Jean-Pierre Dick, sur *Paprec-Virbac*. Je file à 14,3 nœuds dans un flux de nord-ouest.

À l'approche du cap Finisterre, les vagues se remettent à cogner.

Mercredi 12 novembre. Je suis face à la mer, j'ai l'impression de faire un parcours de saut d'obstacles. Les autres, dont Loïck Peyron sur *Gitana Eighty*, sont déjà en Espagne. Je suis sur un seul bord, je vais vite, plus vite que les petits copains qui ont dû tirer des bords. Ma route est plus simple. Vingt-quatre heures plus tard, en descendant le long du Portugal, les écarts se sont allongés. Je me débats dans des petits airs, je multiplie les empannages. Et je constate que mes camarades de jeu ne m'attendent pas. Alors que je retombe à 10 nœuds, Loïck Peyron pousse à 15. Je suis à 650 milles du premier. Je fais ma route, 24 000 milles m'attendent.

Vendredi 14 novembre.
Salut amis terriens,
Bon, ça démarre moyen, je me réveille, dans un cauchemar peu enviable et compliqué à raconter, mais ça c'est les mystères du sommeil. Où va-t-il chercher tous ces sujets, bons à faire des romans noirs ? Non, en fait, il y avait bien un cauchemar dans ma tête, mais ma vision périphérique, quoiqu'amoindrie par la nuit nuageuse, ne trouvait pas sur les cadrans la même valeur de vent que quelques minutes auparavant ! Action : courage, empannage, fuyons cet anticyclone avant qu'il nous aspire, cap au sud, puisque c'est bien là-bas que nous allons ! Et gagnant à nouveau sur la

bordure sans vent, je suis parti au lof, dès la première rafale… La vie, quoi !
Mich Desj

À 16 heures, je passe Norbert Sedlacek, sur *Nauticsport-Kapsch*.

Quelques heures plus tard, les nouvelles ne sont pas terribles : je pointe à 670 milles de Loïck Peyron.

Handicap insurmontable ? Voire. Dans quelques jours, les premiers vont entrer dans le Pot au Noir. Cette ceinture de quelques centaines de kilomètres est un lieu de basses pressions longeant l'équateur. Les masses d'air chaud et humide forment des cumulonimbus importants et déterminent l'une des zones les plus complexes du monde : météo imprévisible, calme plat ou averses diluviennes avec des grains parfois très violents. Il convient donc d'être en état d'alerte maximal. D'après les informations météo, la zone de vents calmes du Pot au Noir est actuellement très étendue, et les leaders n'ont pas d'autre solution que de passer là. Ceux qui se détourneraient et rallongeraient la route vers l'ouest ont des chances d'avoir plus de vent, mais en parcourant plus de chemin. Le Pot au Noir est imprévisible.

J'y entre à mon tour deux jours plus tard. On verra bien. De toute façon, je n'ai pas le choix. Je me répète : « La route est longue. » Les longs calmes du Pot au Noir me laissent le temps de gamberger.

Tout a commencé…

# 1

… Tout a commencé trois semaines plus tôt.

Depuis le mois d'octobre 2008, je suis aux Sables-d'Olonne avec mon équipe. Les jours passent très vite. Il faut finir de préparer le bateau, préparer le bonhomme, répondre aux demandes d'interview, tout faire. Les journalistes sont si présents que, début novembre, j'ai l'impression d'être atteint de diarrhée verbale et de répéter sans arrêt la même chose. Même mon envie de faire le Vendée Globe s'enlise. À force d'en parler, à force d'analyser les motivations, tout se noie dans un déluge de mots. Ai-je vraiment envie de me lancer dans cette compétition ? Vais-je la faire simplement pour échapper à la forêt dense des micros ? Je ne sais plus.

Je résume ce que je sais, je rassemble mes esprits. La décision de participer à cette fameuse course a été prise, il y a quelques années, précisément à l'arrivée du Vendée Globe 2001 dont je suis sorti vainqueur. Par la suite, occupé en multicoque sur *Géant*, je n'ai pas souhaité participer à l'édition 2005. Mais je savais que j'y reviendrais, j'ai juste attendu d'être disponible. À la vérité, je ne sais pas si j'aime les courses en solitaire parce que cela me réussit ou si c'est parce que j'y réussis que cela me plaît. Qui, de l'œuf ou de la poule, a gagné la première régate ? Allez savoir.

Le Vendée Globe a pour particularité d'être un défi très dur. Cette course exige de la concentration, de la détermination, de la résistance, de la sérénité. C'est la plus longue compétition au monde, elle dure environ trois mois. Trois mois pendant lesquels les concurrents sont livrés à eux-mêmes, sans que personne n'ait le droit d'intervenir. Le règlement autorise une assistance technique sur des points particuliers, mais interdit l'assistance stratégique ou météorologique. On peut communiquer avec l'architecte naval, avec l'informaticien, avec le maître voilier, avec le médecin, pour régler des incidents techniques, mais pas avec des conseillers ou des stratèges météo. L'information météo et son traitement, c'est le skipper qui s'en occupe seul. On est donc solitaire 7 jours sur 7, 24 heures sur 24, pour gérer le bateau, l'énergie produite, l'entretien, le sommeil, l'alimentation. Un exemple : le moteur est là pour fabriquer l'électricité nécessaire à l'alimentation des divers systèmes. Il faut donc surveiller la batterie. Mais comme on part avec 200 litres de gasoil et que, évidemment, on n'a pas le droit de se faire livrer de carburant, il est impératif d'économiser son énergie. Chacun embarque la quantité de gasoil qu'il désire. *Idem* pour la nourriture et le reste. Plus le bateau est léger, plus il va vite, tout le monde le sait. Comment durer et filer ? À chacun sa réponse.

Les choix effectués se répercutent sur les gestes les plus ordinaires. Un acte aussi simple que de cuire ses nouilles doit être mesuré. Je n'ai que six bonbonnes de gaz, pas plus. Se préparer un sympathique thé consomme de l'énergie. Je n'en ferai que très peu, ce n'est pas indispensable.

La conception des bateaux est également régie par des règles très strictes. Chaque voilier doit répondre à une réglementation établie par l'IMOCA (International Monohull Open Class Association). Cette jauge impose une longueur maximum de 60 pieds, soit 18,28 mètres. Presque tout est précisé : la profondeur de la quille, la longueur du bout-dehors, la stabilité du bateau, les cloisons étanches, les équipements de sécurité. Et, surtout, les bateaux sont des monocoques. Ils peuvent être en bois, en liège, en papier, en basalte, en chiffon, ce qu'on veut. Comme tous mes concurrents, j'ai choisi la fibre de carbone. Tout a vraiment commencé bien avant le ponton des Sables-d'Olonne…

De 2001 à 2006, j'ai couru sous les couleurs de *Géant*, et je ne me suis pas préoccupé de mon prochain

Vendée Globe. J'ai alterné courses en solitaire et grands prix en équipage, plutôt pas mal en solitaire, puisque j'ai gagné une Route du Rhum en 2002 et la Transat anglaise en 2004 ; plutôt pas terrible en équipage avec de nombreux grands prix mais peu de résultats. J'y ai quand même gagné la certitude que la gestion d'un équipage de mercenaires expérimentés est difficile. Quand il y a trop de cow-boys et pas assez d'Indiens, aussi talentueux que soient les cow-boys, on a du mal à faire avancer le troupeau. Dans notre jargon, les cow-boys décident et les Indiens agissent, vision réductrice de l'humanité.

Quand le groupe Géant m'a fait part de son intention de se désengager de la compétition après 2006, je suis parti à la recherche d'un autre sponsor. Le contact avec Foncia s'est opéré par l'intermédiaire d'Alain Gautier, vainqueur du Vendée Globe 1992, et coureur en titre de Foncia. Investie dans la voile depuis 1999, Foncia souhaitait s'engager dans le Vendée Globe, mais Alain, ancien vainqueur en 1992, ne souhaitait pas y retourner. Au début de l'année 2006, j'ai rencontré le boss, Jacky Lorenzetti, qui avait présélectionné quelques skippers pour ce projet. De rencontres en entretiens, je me suis retrouvé avec le paquet cadeau complet : un bateau à concevoir et le budget à gérer.

*Foncia* a la particularité d'avoir été conçu en collaboration avec un de ses concurrents. Une décision prise au sein de Mer Agitée, conjointement avec Vincent Riou, mon préparateur en 2000-2001. Héritant de mon bateau et de mon sponsor pour l'édition suivante, il a démontré brillamment son talent en remportant l'édition 2004-2005 sur un *PRB* reconditionné à sa main au sein de Mer Agitée. Pour l'édition 2008-2009, nous partons ensemble voir les architectes aux États-Unis. Là, nous posons les spécifications. Le fait de projeter deux bateaux en même temps nous permet d'importantes économies d'échelle. Nous avons réservé à l'avance la quantité de carbone nécessaire et réussi à négocier au mieux les tarifs. Nous partageons le même moule pour fabriquer, l'une après l'autre, les coques de nos bateaux, diminuant d'autant les coûts de construction. L'engagement final de mon sponsor étant en décalage par rapport à celui de Vincent, *Foncia* sera le deuxième construit. L'expérience de Vincent m'est évidemment utile, de la même façon que j'ai apporté la mienne au démarrage du projet. Les deux bateaux seront à la fois proches et différents, chacun de nous apportant sa vision personnelle à partir d'une base commune.

En matière d'équipements, *Foncia* sera le bateau le plus simple, le plus dépouillé possible. Rien à l'intérieur, ou si peu. Un siège-baquet, deux écrans d'ordinateur, un tiroir-cuisine. Pas de table à cartes, pas de casiers ou tiroirs de rangement. Programme minimum. Pas plus de quatre winches, au lieu des huit habituels. Mais, comme le dit Jean Le Cam, c'est très compliqué de faire simple. Il faut lutter contre le luxe. Pour les lignes générales, les appendices, les calculs de résistance des matériaux, je laisse les architectes à leur affaire. Ce sont eux les spécialistes et les ordinateurs sont là pour optimiser le moindre détail, pour chercher la performance, ce qui n'empêche pas de vérifier certaines choses derrière, notamment la colonne vertébrale du bateau, la quille et toute la structure connexe. Au départ, les architectes concepteurs ont imaginé un bateau très large, très lourd, très toilé pour être le plus rapide autour du monde. Nous leur avons fourni un tableau de données exprimant le rendement en solitaire d'une telle machine, selon la force et l'angle de vent. Nous avons confronté nos données : le résultat a engendré un bateau moins extrême.

La construction de *Foncia* démarre sous la surveillance de mon frère Hubert Desjoyeaux, dont la société CDK Technologies est maître-d'œuvre. Le chantier est voisin de Mer Agitée, ce qui tombe bien. À partir des plans des architectes, des moules en fibre de carbone sont construits sur un mannequin en bois. L'un pour la coque, l'autre pour le pont. Les grandes surfaces de coque et de pont, ainsi que les cloisons, sont constituées d'une structure en sandwich, deux épaisseurs de carbone emprisonnant une « âme » en nid-d'abeilles, (papier résiné alvéolé) ou en mousse. Le nombre de couches de carbone et l'orientation des fibres sont définis en fonction des efforts supportés par la pièce, ou de sa localisation. Certaines zones autour de la quille, des dérives et des safrans subissent des contraintes plus importantes et très ponctuelles. Elles sont réalisées en

« monolithique » : les couches de carbone sont empilées sans sandwich. Les rouleaux de tissu de fibre de carbone sont préalablement imprégnés en machine de façon automatique par une résine époxy dont la quantité est optimisée. À température ambiante, la résine utilisée mettrait plusieurs mois à durcir. Il faut donc la monter en température au moment de la mise en œuvre. Toutes les opérations de fabrication se déroulent dans un immense four (plus de 20 mètres de long et 6 mètres de large !) où sont réalisés le pont, puis la coque. À chaque étape, la pièce est mise en cuisson à plus de 110 °C, sous vide, pour ne pas obtenir un mille-feuille lié à la présence de bulles d'air entre les épaisseurs de tissu. Au total, la construction de la coque de *Foncia* aura nécessité cinq cuissons à chacune des étapes de sa fabrication.

Dans la coque, à ciel ouvert, on pose ensuite l'essentiel des cloisons transversales ainsi que les caissons des ballasts, qui permettent de bloquer la géométrie de la coque avant qu'elle soit extraite du moule. Puis c'est la phase d'assemblage. Le pont est posé sur la coque et collé, la boîte est fermée ! Toutes les liaisons entre les différents éléments préfabriqués sont faites « en voie humide », à partir de tissus secs, imprégnés de résine époxy, au pinceau ou au rouleau. Viennent enfin les finitions : enduit, peinture, pose de l'accastillage, de l'aménagement intérieur, du système électrique et électronique, des appareils de navigation. Comme pour un bébé, la construction de *Foncia* demandera neuf mois. Et représente 35 000 heures de travail…

L'ergonomie a été entièrement conçue par l'équipe de Mer Agitée. Moins de frottements, moins de poids, moins de complications. En réfléchissant différemment sur l'installation des équipements, en refusant d'utiliser les équipements disponibles sur étagère, en traquant les poids inutiles, nous avons réussi à gagner 300 kilos sur le bateau proposé par les architectes. *Foncia* pèse 8,5 tonnes au total : 4 tonnes de quille, dont 3 tonnes de lest ; 4 tonnes de coque équipée ; 500 kilos de gréement, capable de porter jusqu'à 600 mètres carrés de voiles. Le poids d'une embarcation de croisière de 10 mètres, toilée comme un bateau de 25 mètres.

La mer a changé de visage.

Les métiers de la mer aussi.

Pendant longtemps, les marins qui faisaient des courses se conformaient aux clichés. Buveurs, paillards, rêveurs, poètes, grandes gueules, ils se livraient aux compétitions avec des bourrades dans le dos, des intuitions géniales et des imbécillités navrantes. Et puis, une nouvelle génération est venue, celle des techniciens. Pour naviguer, il ne suffisait plus de savoir lire une carte et mettre son doigt au vent, il fallait aussi connaître la résistance des matériaux et avoir des notions d'informatique. Aujourd'hui, il est impossible de faire naviguer nos bateaux sans avoir un bagage technologique. Pour moi, la charnière entre ces deux époques a été incarnée par Philippe Poupon. Déjà dans la modernité, mais fils d'une tradition, il a brillamment su changer de siècle. Les derniers des Mohicans, Chichester,

Tabarly, ont vu venir le système de la médiatisation. En 1970, un homme comme Moitessier a refusé les contraintes de l'âge nouveau, préférant rester naviguer. Nous, nous ne pouvons plus nous permettre des échappées pareilles, sous peine d'avoir des batteries d'avocats à nos trousses. Le milieu s'est professionnalisé, tout est plus complexe aussi. Un marin d'il y a trente ans serait perdu sur un bateau comme *Foncia*. En revanche, si on me mettait le bateau de Moitessier entre les mains, je saurais m'en servir. J'ai barré de beaux bateaux en teck, à l'ancienne, et j'ai apprécié. Mais je me suis vite ennuyé. À 8 nœuds, j'avais l'impression que mon beau yacht en bois exotique plafonnait déjà. Le record de *Foncia* est de 33,04 nœuds. Un univers nous sépare de la voile d'antan, on appelle cela le progrès.

Autrefois, les marins étaient barbus et bourrus. Aujourd'hui, ils sont glabres et sobres. Enfin, pas tous… Le capitaine Haddock est néanmoins une relique du passé. Nous, nous sommes des compétiteurs à part entière. Même l'arme psychologique est utile. Et, même l'ancien timide plutôt peu bavard que je suis l'utilise souvent.

La mer, je suis tombé dedans quand j'étais petit. Je suis né à Concarneau, en ville close, sorte de bateau de pierre posé dans le port, et j'ai grandi au milieu des bateaux du chantier naval de mes parents. Dans ma famille, pas d'amiraux héroïques ni de découvreurs de terres inconnues. Les Desjoyeaux sont issus d'une bonne lignée bourgeoise, comme le XIX$^{e}$ siècle a su en créer. Industriels lyonnais ou brasseurs d'affaires de Saint-Étienne, mes grands-pères étaient des capitaines, certes, mais des capitaines d'industrie. Le grand-père Desjoyeaux participa à la construction d'engins chez Renault pendant la guerre de 1914-1918, avant de devenir administrateur dans une aciérie. Du côté maternel, la famille est dans les travaux publics, béton et châteaux d'eau. Que leur arrière-petit-fils ait pu se lancer sur une embarcation pour courir le monde leur aurait semblé, j'en suis sûr, le comble de l'exotisme, voire de la bohème. Pourtant, les Desjoyeaux ont jeté l'ancre en Bretagne, par un de ces hasards dont l'histoire est friande. Mon père a contribué à fonder les Glénans, une école de voile qui a initié des générations de marins et de plaisanciers aux plaisirs – et déplaisirs – de la navigation à voile. Il a également participé à la naissance de Port-la-Forêt, marina moderne surgie là où il n'y avait qu'une vasière. Esprit aventureux, solide tempérament de pionnier, âme de bâtisseur, il aurait pu être aviateur.

En 1940, lors de la débâcle, mon père s'engagea comme élève-pilote. L'armée éparpillée, les officiers démoralisés, les militaires pris au dépourvu, il ne se retrouva pas vraiment aux commandes de l'avion de ses rêves. Plus prosaïquement, le jeune aspirant pilote fut affecté à la garde d'un terrain d'aviation désert, jalonné de quelques aéronefs en piteux état et de vieilles carcasses hors d'état de nuire. Transféré avec ses camarades dans un autre camp, il fut mis devant un choix difficile : la démobilisation immédiate ou un engagement dans Jeunesse et Montagne, organisation créée sur le modèle des Chantiers de la jeunesse de Vichy. Mais là où les Chantiers, d'inspiration pétainiste, étaient des camps d'endoctrinement, Jeunesse et Montagne possédait une autonomie importante, due à l'isolement des unités, en Savoie et ailleurs. Parmi les douze mille jeunes qui passèrent dans cette organisation, un nombre important rejoignit la Résistance, notamment le maquis d'Oisans, le maquis Constant et les FFI d'Auvergne.

Affranchi de l'obligation de chanter « Maréchal, nous voilà… », mon père accepta de partir à la montagne, seule perspective possible pour ne pas se retrouver à la charge de ses parents. Expédiés dans le Beaufortin, avec, sous sa houlette, une vingtaine de jeunes issus d'horizons divers – ouvriers parisiens, étudiants de province, Savoyards de souche –, ils vécurent à la dure. Pas de radio, pas de journaux, l'isolement total. La première habitation se trouvait à une heure de marche et le ravitaillement était organisé à dos de mulet. Dans ces montagnes, la Résistance s'organisait, des contacts se nouaient. L'Armée secrète créa le maquis des Glières en Haute-Savoie, premier grand maquis qui affronta les Allemands le 26 mars 1944.

En attendant, mon père fut chargé de convoyer deux cents gars vers l'Allemagne, dans le cadre du STO, le Service du travail obligatoire. Tâche déshonorante puisqu'elle consistait à livrer des Français à l'ennemi. Mon père refusa et, instantanément, présenta sa démission. De retour dans la demeure de son enfance, il retrouva sa famille et, ce jour-là, une certaine Mme Deschamp, qui n'était autre qu'Hélène Viannay, venue en compagnie de son mari. Dans l'escalier, il croisa une de ses sœurs aînées, qui lui souffla : « Philippe est là, tu peux le voir. » Philippe Viannay, journaliste et résistant de la première heure, était, avec sa femme, un combattant de l'ombre. Officiant sous le pseudonyme d'Indomnitus, il avait, dès 1941, fondé le groupe clandestin Défense de la France et l'organe de presse du même nom qui allait devenir *France Soir*, à la Libération. Une poignée de main, un sac à dos, et Henri Desjoyeaux prenait le chemin de la clandestinité. Enrôlé dans le maquis de Seine-et-Oise, chargé d'encadrer les jeunes réfractaires, il devint l'un des familiers du bois de Ronquerolles, lieu de ralliement et théâtre d'une tuerie à laquelle il échappa de justesse.

La paix arriva.

Un nouveau combat, plus humaniste, attendait les hommes de bonne volonté, au milieu d'un vaste champ de ruines. Dans ce grand chantier de la reconstruction, Philippe Viannay apporta sa pierre et son savoir-faire dans le domaine de l'engagement collectif. Il créa, avec son ami Jacques Richet, rescapé de Büchenwald, le CFI, Centre de formation internationale qui allait plus tard devenir le Centre de formation des journalistes. C'est là, après la fin des hostilités, que démunis et sans avenir, la plupart des jeunes ayant dû arrêter leurs études trouvèrent une raison d'espérer.

Cette organisation non gouvernementale avait pour ambition de sauver de la marginalité toute une frange de la jeunesse. Il s'agissait aussi de former une « élite de caractère », propre à assumer, en temps de paix, des tâches sociales pouvant aider au relèvement de la France. Grâce aux énergies rassemblées et à des bourses d'État, le CFI put réunir, en trois ans, des jeunes venus d'horizons divers.

Mon père se trouvait alors dépêché avec sa troupe de chasseurs alpins à Kitzbühel, en Autriche. C'est là qu'il reçut un télégramme de Philippe Viannay l'enjoignant à venir prendre en charge, fort de son expérience à Jeunesse et Montagne, l'un des établissements du CFI dans les Alpes. Le colonel dont il dépendait ne fit aucune objection. Et c'est ainsi qu'il se retrouva dans une rudimentaire maison de cantonnier à Val-d'Isère, au pied du massif de Solaise. Lui qui avait une maîtrise très approximative du ski se voyait bombardé moniteur ! Il y passa deux hivers de suite, perfectionna son schuss et son télémark, avant d'être envoyé au Liban où, franchement, le ski est un sport plutôt secondaire.

L'été 1947 le trouva à Paris, ville déserte et désœuvrée en ce mois d'août. Il y reçut néanmoins l'appel qui allait changer sa vie, et orienter la mienne. Son ancien chef de réseau lui proposait de prolonger en mer l'expérience entreprise en montagne. Nouveaux horizons, nouveaux défis. Philippe Viannay venait de poser, du côté de Concarneau, les bases d'un centre sportif sur le principe associatif. Mon père sauta sur cette nouvelle opportunité. Du nautisme, il n'avait qu'un savoir limité et empirique. Il avait pu, dans les années d'avant guerre, expérimenter sur la Loire, avec son canoë canadien muni d'une petite voile, la différence fondamentale qui existe entre le centre de voilure et le centre de dérive. Sa science se limitait à peu près à cette notion élémentaire de navigation, quand il débarqua un soir, les mains vides et les yeux émerveillés, sur le Loch, l'une des îles de l'archipel des Glénan.

Dans la pénombre, il distingua quelques silhouettes qui aidaient au déchargement d'un maquereautier. Au petit matin, il explora ses nouveaux appartements. À part les quelques stagiaires, les seuls habitants de l'île étaient un vieux marin bourru et son épouse, elle aussi peu amène. Échoués sur la plage, quelques vieux Argonautes, bateaux-écoles robustes, témoignaient de l'activité nautique assez anarchique de cette drôle de colonie. Un « ancien », c'est-à-dire un stagiaire présent sur place depuis plus de huit jours, fut chargé de transmettre les consignes. Très vite, mon père mesura l'ampleur du défi. Personne n'était compétent, lui le premier. Pas l'ombre d'un personnel d'encadrement digne de ce nom. Pas d'aide logistique. Le « système D » érigé en moyen de survie – un vieux cheval de trait pour sortir les bateaux de l'eau…

Tant il est vrai qu'au royaume des aveugles, le borgne est roi, eu égard à son âge avancé – il avait alors 26 ans ! –, mon père s'autorisa à se proclamer chef. S'attachant aussitôt à mettre au point un enseignement théorique avec les instruments dont il disposait – un cageot et son couvercle pour figurer la coque et la voile –, il forma les premiers « voileux » qui allaient peu à peu prendre le pas sur l'espèce en voie de disparition des « yachtmen ». Le tout, sous le regard sombre de l'unique et ombrageux marin de l'île, qui considérait avec dédain ces navigateurs d'eau calme.

Deux années se passèrent ainsi.

Un beau jour, excédé par la promiscuité qui régnait désormais sur « son » île, le marin pêcheur ramassa ses filets, prit sa femme sous le bras et quitta le Loch. Resté seul maître à bord avec une charge considérable, mon père dut assumer l'intendance, qui était rudimentaire, presque étique. L'« école » des Glénans allait aborder sa troisième année, mais les caisses étaient vides. Pour comble, tout le monde fut prié de plier bagage et de se retirer sur l'île de Penfret, en face : la famille Bolloré, propriétaire des lieux, estimait que sa réputation était entachée par la présence de cette communauté de marginaux dont la mixité contrevenait aux bonnes mœurs de l'époque.

Pour le transbordement, ils disposèrent d'une plate, sorte d'embarcation à fond plat aussi sommaire que possible, qui tenait plus de la caisse à savon que d'une embarcation viable. Chargée à marée basse, mise à l'eau avec le concours du cheval, celle-ci servit bien. *Le Rebelle*, le bateau de Philippe Viannay, remorqua tout le reste jusqu'à Penfret. Lourd maquereautier transformé en cotre à moteur, *Le Rebelle* avait l'inconvénient d'être à sec : pas d'argent, pas de fuel. C'est donc à la voile que le déménagement eut lieu. C'est peut-être sur ces vieux bateaux impossibles à manœuvrer, dans ces transbordements et ces déplacements, que mon père est devenu un vrai marin.

Avec l'assistance de Françoise Mefred-Devals, sœur de l'un des membres des corps francs massacrés dans le bois de Ronquerolles, Henri Desjoyeaux évita de justesse de sombrer sous l'avalanche des problèmes administratifs, logistiques ou de simple gestion quotidienne. Tous deux remirent à flot l'école des Glénans. Des Vauriens – le premier fabriqué sur plan dans le salon parisien des Viannay –, des Caravelles, des Corsaires vinrent compléter une flotte hétéroclite dont le fleuron était *Sereine*, un beau voilier de 12 mètres construit par Jean Laurent, maître charpentier naval à Pont-Aven.

L'école de voile des Glénans est devenue progressivement une institution dans le monde de la voile, qui n'a plus grand-chose à voir avec les aventuriers de ses débuts. Les îles, elles, n'ont pas trop changé, même s'il faut éviter de les fréquenter l'été.

C'est juste en face que je suis né, et c'est dans ces eaux-là que, pour moi, la grande aventure a commencé.

Avec le Vendée Globe, c'est cette aventure qui continue.

## 2

Fin 2006, la construction de *Foncia* démarre. En parallèle, je cours la Route du Rhum, ma dernière course sur le trimaran *Géant*. Dans ma tête, le Vendée Globe 2008-2009 est déjà commencé. J'ai recruté une nouvelle équipe. Avant même le départ de la Route du Rhum. Elle a commencé à travailler pendant mon absence.

Dès mon retour, je suis présent sur le chantier presque tous les jours. Les premières phases de construction puis d'assemblage, de la coque et du pont, que l'on peut comparer au gros œuvre dans une maison, sont le domaine du chantier CDK. Pour tout ce qui concerne l'équipement du bateau : aménagement intérieur, équipement du pont, pièces annexes, c'est l'équipe de Mer Agitée qui prend le relais, concevant, réalisant et posant chacune des pièces nécessaires. Le dimanche matin, j'ai pris l'habitude de passer l'aspirateur, tout seul, quand les gars ne sont pas là. J'aime bien que le bateau soit propre pour recommencer le travail le lundi matin. Peut-être une façon de l'apprivoiser… Le bout de carbone du début, celui livré par le chantier, s'est mué peu à peu en bateau. Période pendant laquelle Régine et mes trois enfants m'ont peu vu et que les femmes des gars de l'équipe n'ont pas dû trouver très drôle non plus. Difficile de concilier la vie de famille et les exigences de tels projets. De façon assez surprenante, la construction de *Foncia* n'a rencontré aucun problème particulier, alors que, comme dans le bâtiment, retards, soucis techniques et aléas divers sont le lot de ce type d'entreprise. *Foncia* est le premier bateau que j'ai vu mettre à l'eau quinze jours avant la date prévue huit mois auparavant !

Maintenant, il doit faire ses preuves : résister à 28 000 milles autour du monde… Mais ce que je crains le plus, c'est ce que l'on ne peut pas anticiper, ce contre quoi on ne peut pas lutter, quoi que l'on ait pensé ou imaginé en amont. Et, dans ce domaine, le danger le plus important, c'est le choc avec un objet ou un animal : bille de bois, palette, cétacé, container ou épave, tout est dangereux. La voile est un sport mécanique et la casse fait partie du jeu, mais loin de nous l'idée de faire des bateaux pour les casser ! Quand on me demande pourquoi les bateaux ont autant cassé dans cette édition du Vendée Globe, je réponds en faisant le parallèle avec le Paris-Dakar ou les grands prix automobiles : combien de voitures finissent les épreuves ? Impossible de construire des bateaux blindés comme des coffres-forts : il faut prendre et assumer le risque de taper dans quelque chose.

La notion de sécurité est évidemment primordiale quand on part en solitaire. Dès la conception, elle fait partie des paramètres à intégrer. Pour *Foncia*, on a travaillé en ce sens le plan de pont, l'aménagement intérieur. Suivre la réglementation est le minimum requis pour que l'équité sportive soit respectée entre les concurrents qui se préoccuperaient de leur sécurité et d'autres qui la négligeraient, ne serait-ce que par manque d'expérience. Au-delà, libre à chacun. Les équipements de sécurité s'apparentent un peu aux contrats d'assurance : on espère ne jamais en avoir besoin mais, le jour fatidique, mieux vaut savoir ce qu'il y a dedans. Améliorer sa sécurité revient souvent à embarquer des équipements, donc du poids. Heureusement, parfois, on trouve des dispositifs techniques qui concilient performance et sécurité. Comme nos bateaux sont principalement destinés à faire la course autour du monde en solitaire, le bon sens veut que ce soit l'utilisateur qui décide *in fine*. De plus, une fois qu'on a choisi son degré de sécurité, et qu'on l'a accepté, on ne s'en préoccupe plus et on devient pendant la course totalement disponible pour la marche du bateau. Sécurité plus sérénité égale efficacité…

Et le marin ? Autant je suis pointilleux concernant le bateau, autant ma préparation physique n'a pas grand-chose à voir avec celle du sportif de haut niveau. Je ne fais pas de musculation, pas de séance de motivation ou de sophrologie, pas de footing. De quoi dégoûter le moindre préparateur physique. Si l'on excepte quelques balades à vélo avec mes enfants, le seul sport que je pratique vraiment est… la voile. En revanche, je respecte une certaine hygiène de vie, mais elle ne me demande pas beaucoup d'efforts. La première cigarette de ma vie a aussi été la dernière : confectionnée avec du papier toilette et des aiguilles de pin quand j'avais une dizaine d'années, elle était tellement mauvaise que je n'ai jamais été tenté de renouveler l'expérience ! J'apprécie le bon vin, mais je m'en passe très facilement. Avant les courses importantes, je me contente de limiter fortement ma consommation d'alcool et de café. Une façon aussi de me préparer psychologiquement, de me conditionner, de me mettre dans le match. Et je navigue. Je m'entraîne, je manœuvre, j'essaie des voiles, je compare.

Quand j'ai décidé quelque chose, ça doit aller dans la direction que j'ai choisie. Certains y voient une rigidité intellectuelle et, parfois, je ne peux pas leur donner tort. Je suis capitaine, certes, mais je suis un capitaine entêté et je ne rends pas toujours la vie facile à mon entourage.

Tandis que le bateau prend forme, je continue d'améliorer mes connaissances théoriques, notamment en météorologie. Moi qui étais cancre au fond de la classe pendant ma scolarité, je retourne sur les bancs du Centre d'entraînement Finistère Course au large.

Je suis quelqu'un d'assez intuitif. Jean-Paul Roux dit que j'ai quatre idées par jour, « trois bonnes et une mauvaise ». Et ce n'est pas loin d'être vrai. La mauvaise idée, n'est-ce pas de revenir dans la course ? Ce Vendée Globe, que j'ai déjà gagné, pourquoi m'y lancer à nouveau ? Goût du risque ? Besoin du défi ? En fait, je n'ai pas vraiment de réponse à donner. J'ai juste envie d'y aller. Peut-être que revenir dans cette course, c'est me sonder moi-même. Aller au cœur de ce que je suis. J'ai entendu plein d'hypothèses, aucune ne m'a vraiment convaincu. J'y vais, c'est tout.

Pendant la phase de mise au point, je vérifie chaque élément du bateau. Je dis souvent que 80 % du résultat final est fait avant le départ. Sur notre *job-list*, toutes les cases doivent être cochées. Outre la préparation technique, il me semble qu'un solitaire doit avoir le moins de points faibles possible. Je m'attache à progresser dans tous les domaines qui ne me sont pas naturels. Ainsi, pour beaucoup de compétiteurs, le sommeil est un problème. Ils se bardent d'alarmes, de réveils, d'horloges, de Klaxon, ils surveillent leur temps de récupération, craignent de sombrer dans un sommeil lourd qui les déconnecterait de leur bateau. Je n'ai plus ce souci. Si, à mes débuts, j'utilisais des minuteries de cuisine, en ayant toujours peur d'oublier de les régler correctement, depuis 1995, pour mon quatrième

Figaro, j'ai éliminé les réveille-matin, les tic-tac, les sonneries qui vous font bondir et stresser. Ils tiennent de la place, consomment de l'énergie, ne servent à rien. Je suis au service de mon bateau. Quand il change de rythme, il me réveille. Quand le vent tourne, il me réveille. Quand le besoin se fait sentir, il me réveille. Cela peut paraître prétentieux, mais je fonctionne réellement ainsi. Que j'aie dormi dix minutes ou une demi-heure, le tarif est le même : le bateau d'abord. Mes yeux s'ouvrent, je passe à l'action. Mes plages de sommeil, en moyenne, durent vingt minutes. Elles me suffisent. Pendant les trois mois du Vendée Globe, je n'ai pas dû dormir plus de 3 heures d'affilée, et encore, très rarement. Je suis en mode course, curseur bloqué sur « vigilance ». J'ai passé la plupart de mon temps de sommeil du premier mois de course sur mon pouf posé dans le cockpit, en prise directe avec les réglages de base, trouvant dans ce sac de billes de polystyrène une position confortable pour m'endormir rapidement, mais suffisamment précaire pour qu'un changement de gîte du bateau me fasse basculer.

L'autre ennemi, en mer, c'est l'ennui. Dans les zones de calmes comme le Pot au Noir ou dans les longs bords qui peuvent durer plusieurs jours, il arrive que l'on n'ait rien à faire. Pour combattre ce sentiment usant d'inutilité, j'emporte quelques livres, dont j'ai confié le choix à des amis. Des polars surtout, quelques livres de voyages, quelques romans. J'en lirai peu, j'ai du mal à sortir du mode course et à accepter de « partir » dans d'autres univers, fussent-ils de papier. En revanche, un gros cube Rubik offert par ma copine Sophie occupera mes moments de loisir. Et, sur le disque dur de mon ordinateur, Véro m'a préparé un cocktail de musiques qui agrémenteront mes instants de détente. Cela va de Mozart au rock'n'roll… J'ai également découvert l'utilité du sudoku. Déjà assidu à terre, ce qui provoque l'agacement de Régine qui ne supporte pas ce petit jeu de logique, je sais que remplir une grille nécessite un haut niveau de lucidité et de concentration. Mon incapacité à avancer signifie que je dois me reposer. Ou comment joindre le ludique à l'utile…

Fin mai 2007, *Foncia* est mis à l'eau. Moment d'émotion pour toute l'équipe. Ce jour-là, il fait un peu gris. La veille, la quille a été installée sous une pluie battante et un vent violent. Elle a la particularité, comme celle de la plupart de ses concurrents, de pouvoir pivoter sur son axe et basculer d'un côté ou de l'autre du bateau. Cette idée avait été développée en 1987 par Pascal Conq, architecte naval, sur un petit bateau de régate. En 1991, je l'ai remise au goût du jour sur mon mini-transat. L'idée était de trouver un moyen de déplacer sur le côté le poids de la quille, pour augmenter la capacité du voilier à porter de la toile et, donc, aller plus vite. Avant cette solution, j'avais imaginé de mettre deux quilles creuses et de passer du mercure, métal liquide et plus dense que le plomb habituellement utilisé, d'une quille à l'autre selon le bord. Techniquement, cela devait fonctionner, mais le risque écologique me paraissait déjà inacceptable, sans compter le coût financier…

Il y a des amis, plein d'enfants, l'équipe de CDK, des badauds et des photographes. Pas le temps de s'attarder à contempler le bateau danser dans le port, il faut effectuer rapidement le test de retournement. L'opération consiste à vérifier que, flottant à l'envers, le bateau peut revenir à l'endroit sans aide extérieure. Tous les bateaux sont calculés pour satisfaire ce test, obligatoire pour pouvoir participer au Vendée Globe. L'exercice se fait grandeur nature.

Je rentre dans le bateau et ferme la porte de descente. À l'aide de la grue dont les élingues ont été prises sur la quille, *Foncia* est retourné. Debout sur ce qui était auparavant mon plafond, je constate qu'à l'envers, le bateau flotte bien ! J'actionne progressivement la commande électrique du gros vérin qui retient la quille, je sens le bateau commencer à pivoter. À partir du moment où le mouvement est enclenché, il faut une fraction de seconde à *Foncia* pour revenir à l'endroit, dans une grande gerbe d'eau et sous les applaudissements des spectateurs dont certains sont un peu émus. Après cette pirouette particulièrement violente, je sors dans le cockpit, content que cette formalité soit accomplie sans incident. Il faut installer le mât dans la foulée.

Ce n'est que le soir, une fois le bateau mâté, équipé et amarré tranquillement au ponton, que nous

nous permettrons une petite fête de rigueur avec les gars de l'équipe et leur famille. Après deux jours d'installation de tout ce qui ne pouvait être fini sans avoir le mât en place, nous tirons enfin les premiers bords.

Dans un an et demi, c'est le départ de la course.

Entraînements, navigation, séances de bricolage, entraînement. En double, en solitaire, en équipage. Le programme 2007 est dense. Avec *Foncia*, je suis engagé dans le Trophée SNSM en équipage, la Transat Jacques Vabre qui se court en double sur le parcours Le Havre-Salvador de Bahia et la Transat BtoB, la « transat retour de Bahia », la première course en solitaire sur *Foncia* qui arrive à Port-la-Forêt, mon port d'attache. Comme si le programme avec ce nouveau coursier ne suffisait pas, j'y ajoute la Solitaire du Figaro, course en solitaire par étapes sur des monocoques de 10 mètres, et puis le Trophée Clairefontaine pour le *fun*. Initié et animé par Yvan Griboval, ce trophée rassemble sur invitation des coureurs internationaux qui s'affrontent sur un stade nautique réduit dont les gradins sont constitués par les quais. Sur des catamarans monotypes de 8 mètres, cette compétition au format original permet aussi de rencontrer des coureurs étrangers venus de différents horizons : course au large, America's Cup, olympisme…

2007 est une bonne année : nous remportons le Trophée SNSM et, avec Manu Le Borgne, arrivons en vainqueur à Bahia. Je gagne mon troisième Figaro et aussi le Trophée Clairefontaine, épaulé par Xavier

Revil et Christophe Espagnon, futurs sélectionnés olympiques en Tornado. La transat retour de Bahia est moins glorieuse. À quelques dizaines de milles de l'arrivée, alors que je suis troisième, j'entre en collision avec un bateau de pêche. C'est donc le nez en chou-fleur que *Foncia* rentre au port, au début du mois de décembre. Gros chantier d'hiver en perspective et retour à la réalité du terrain. Gagner, c'est bien, mais il faut d'abord finir. Je ne suis pas passé loin de l'abandon. Ma saison, plutôt positive, laisse néanmoins un sillage dans les esprits et me donne un petit bonus psychologique.

Hors course, j'ai peu de contacts avec mes concurrents, même si j'en côtoie beaucoup. Il y en a quelques-uns avec lesquels je naviguerais ou renaviguerais avec plaisir. Et deux ou trois avec lesquels je consentirais volontiers à partir en vacances.

Le milieu de la mer est constitué d'individus à forte personnalité, dont je fais partie. Naviguer en solitaire demande un investissement personnel total. Il y a des gens que je respecte comme marins, d'autres comme hommes, et quelques-uns les deux. Il y a des skippers qui sont incapables de dire bonjour ou, simplement, de connaître le nom de leurs équipiers. D'autres qui ont le cœur sur la main et une réelle attention à chacun. Quoi qu'on en pense, les hommes qui vont sur la mer ne sont pas si différents de ceux qui restent à terre : on rencontre de tout et il faut faire avec. Un peu comme dans la vie…

Pas plus que mon père, ma mère n'est issue d'un milieu de marins, en dépit de l'existence presque mythique d'un grand-oncle, qui fut l'un des fondateurs au XIXe siècle de la revue *Le Yacht*. Il semble toutefois que mon grand-père et son frère Marcel aient été des passionnés de voile. Ce sont eux qui l'ont initiée à ce sport.

L'histoire familiale raconte que, pendant la guerre, mon grand-père maternel, qui possédait un petit voilier amarré à Dunkerque, avait projeté de rejoindre Londres. Il fut arrêté dans son élan par la liquidation de la fameuse poche de Dunkerque par la Wermarcht. La paix revenue, c'est avec son Aile, quillard de sport de l'époque, que ma mère continua de naviguer sur la Seine. Tous les étés, la famille venait passer ses vacances en Bretagne, à Beg Meil, en face de Concarneau. En 1848, mon grand-père acquiert *Kotick*, un Dragon construit aux chantiers navals Hervé à La Rochelle la même année, voilier dont il n'existe encore que deux exemplaires à l'époque. Petit bateau léger et véloce à la carène très fine et aux lignes élancées, ce voilier de 8 mètres devient rapidement le terrain de jeux favori d'une jeune femme pas très conformiste. D'abord en équipage, May, qui ne s'appelle pas encore Desjoyeaux, profite un jour de la défection d'un équipier malade pour découvrir et apprécier la navigation en solitaire. Désormais, elle n'a plus besoin de personne et sillonne quand bon lui semble le plan d'eau que je découvrirai beaucoup plus tard. Pratique peu courante pour une femme à cette époque. Peut-être inquiète de l'avenir d'une personnalité aussi indépendante, sa meilleure amie insiste pour lui présenter un oncle passionné de voile. Par le hasard des alliances, mon père a, en effet, une nièce qui n'est que de trois ans sa cadette et à qui il a voué une grande affection… Ma mère qui s'est imaginé immédiatement un vieux barbon cravaté et conservé dans le formol accepte avec une certaine réticence. Quant à mon père, sa curiosité est sans doute plus éveillée par le Dragon que par sa propriétaire… Quoi qu'il en soit, ce bateau appartient toujours à ma mère, il est conservé comme une relique dans le hangar de la maison familiale. C'est un peu grâce à lui que je suis né. Merci, petit Dragon des mers !

S'ouvre alors pour la famille naissante, en tout cas pour les enfants à venir, une époque où la seule contrainte est de vivre libre. Principe que mes parents ont hérité des leurs. Principe qui sera appliqué de manière intransigeante et transmis à tous les enfants.

L'école de voile des Glénans, en ce début des années 1950, commence à se faire un nom. Dans le milieu de la voile, le mot devient familier. Il est vrai que, sur les îles, on se dépense sans compter. Les stages sont organisés à la manière d'un équipage : un quart navigation, un quart service et un quart entretien technique. Le reste ? Un peu de temps libre. La méthode d'enseignement est très artisanale, si on la compare à celle qui est pratiquée aujourd'hui dans les écoles de voile. Pas de bateau accompagnateur, pas de moniteur sur le plan d'eau pour indiquer la marche à suivre ou la manœuvre à accomplir. Le matin, mon père donne à chacun de ses stagiaires les instructions et une feuille de route. Les élèves doivent ensuite se débrouiller par eux-mêmes pour partir et revenir à bon port. Le maître des lieux, juché sur un grand mât d'observation, veille au bon accomplissement des manœuvres. En cas de problème, le stagiaire doit compter sur la solidarité de ses camarades, car il n'y a aucun moyen d'intervention rapide. Le seul bateau de sauvetage est un Argonaute, voilier de 4 mètres aussi sommaire que possible et dépourvu de moteur.

On peut considérer les Glénans comme la première école de voile populaire en France : elle ouvrait ses portes à tous, sans distinction de rang, de fortune, de milieu ou de caste. Jusque-là, la voile était la chasse gardée d'une gentry qui regardait d'un très mauvais œil les intrus. Les capitaines – on ne parlait pas encore de skippers – ne se présentaient jamais en public sans leur casquette blanche. Mes parents se souviennent encore de certains qui, en vareuse et pantalon blancs, l'air fier et la moustache altière, traversaient les salons des hôtels à Concarneau.

Un jour, mon père décida de quitter les Glénans, qui, grâce entre autres à ses bons offices, étaient devenus un franc succès. L'école employait désormais des salariés, et sa structure administrative avait toute la complexité d'une entreprise florissante. L'esprit pionnier avait disparu. Les temps avaient changé, il était temps de partir vers de nouveaux horizons.

Cherchant une activité tournée vers la mer, il trouva un emploi dans un chantier de construction navale à Concarneau où il apprit de quel bois étaient faits les bateaux, de pêche ou de plaisance. Aux Glénans, il avait pu constater que le bois était fragile et méritait des soins, notamment lors de la morte-saison. Or, si, ailleurs, des infrastructures d'hivernage se mettaient timidement en place, on ne trouvait rien de tel dans ce coin de la Bretagne. Mon père décida donc d'en édifier afin d'épargner aux bateaux de plaisance de plus en plus nombreux les aléas de l'échouage à terre, procédé préjudiciable aux œuvres vives – les parties immergées du bateau – qui, à cette époque, étaient en bois.

Son idée en tête, il commença par arpenter inlassablement les côtes de la région en Solex. Après plusieurs semaines, il repéra l'endroit idéal : une vaste étendue déserte en bordure d'une petite plage. C'était un parfait abri naturel avec, autour, du sable et des ajoncs. Il posa ses valises et sa petite famille, mon frère Jean étant né entre-temps.

Kerleven était un lieu-dit, à peine un hameau de La Forêt-Fouesnant. Quelques fermiers, quelques pêcheurs, pas ou très peu de touristes et de vacanciers. Le bourg de La Forêt-Fouesnant était à 3 kilomètres. Entre les deux, l'anse du Gouërou, qui se transformait en vasière à marée basse. On était au bout du monde, au *Finis Terre*, là où la terre s'achève. En breton, on dit *Pen ar bed*, la « tête de la terre »...

Le terrain fut acquis en 1955. Toute l'activité était à créer. Un hangar fut érigé, ouvert sur les vents d'ouest. L'année suivante, les grands travaux furent entrepris : les Desjoyeaux fabriquèrent une maison et une fille, Béatrice. Un ami architecte, ancien stagiaire des Glénans, traça les plans de la demeure, un cube tout simple, percé de grandes baies ouvrant sur le large. Une construction modulable, qui s'agrandirait au fil des ans et des naissances : Hubert, Nicole, Bertrand, France... jusqu'à la mienne, septième et dernière, en 1965.

L'ensemble reste aujourd'hui le siège familial à proximité duquel s'est développé tout ce qui fait aujourd'hui Port-la-Forêt, deuxième port de plaisance du Finistère, et cinquième de Bretagne. L'idée de mon père connut bientôt un franc succès. Au début des années 1960, la navigation de plaisance, comme toutes les activités de loisir en cette période de croissance effrénée, était en plein essor. Deux autres hangars de 50 mètres de long furent construits, portant bientôt la surface abritée à 3 000 mètres carrés. Certains hivers, le chantier accueillait jusqu'à une centaine de bateaux. Avec mes frères et sœurs, nous jouions à saute-pont pour passer de l'un à l'autre. L'activité principale était l'entretien et l'hivernage des bateaux en bois, auquel s'ajoutaient des travaux de réparation ou d'optimisation encore timides. La réussite de l'entreprise fut telle qu'il fallut développer des moyens ingénieux pour sortir de l'eau, transporter et remettre à l'eau ces bateaux lourds, mais fragiles, qu'on devait tirer en passant par la grève. Pas de quai ni de ponton, encore moins de grue ou d'élévateur. Ce type d'équipement n'existait tout simplement pas. Mon père inventa des systèmes de remorque adaptés et malins pour pouvoir faire ces manœuvres en « équipage réduit », parfois seulement aidé de ma mère et des plus âgés d'entre nous. J'ai certainement beaucoup appris en le regardant. Et j'ai retenu la leçon : « Il n'y a pas de problème sans solution, bonne ou mauvaise. » Et ma mère d'ajouter : « Si tu peux, prends la bonne. » Tout un programme, une philosophie de vie.

Je ne suis pas sûr que je vais faire très plaisir à mes parents en écrivant qu'ils étaient en quelque sorte des hippies en avance sur leur temps, mais c'est vrai. Ils avaient, comme la génération qui allait suivre, une liberté de gestes et de pensée totale et ils ne se souciaient nullement des conventions sociales. Là s'arrête la comparaison car, pour le reste, c'était plutôt la vieille école. Il y avait, cependant, chez nous une caractéristique tout à fait extraordinaire, à savoir que nulle part il n'y existait de barrières physiques : pas de clôtures dans le jardin, pas de serrures aux portes, pas de rideaux aux fenêtres. Il n'y avait pas non plus d'eau courante ou d'électricité, du moins au début. Et pas toujours de beurre dans les épinards, mais c'est une autre affaire.

Six mois de l'année, nous allions nu-pieds, dans la maison comme à l'extérieur. Dans le voisinage, nous avions au mieux une réputation d'originaux ; le plus souvent, on nous prenait certainement pour des fous. Cette vie autarcique faisait de nous des marginaux, mais nous tirions, d'avancer ainsi à contre-courant, une certaine fierté.

Ma mère nous faisait la classe. Je ne sais toujours pas aujourd'hui – elle non plus, d'ailleurs – comment elle s'y prenait pour assurer en même temps plusieurs niveaux de scolarité (même en s'appuyant sur les cours d'enseignement par correspondance), tenir la maison et s'employer au chantier, comme le feront successivement tous ceux et celles de la famille en âge de travailler. Les problèmes de mathématiques ou de géométrie étaient matérialisés avec les moyens du bord : des bouts de bois, une échelle, des cordages. C'est en mesurant la longueur des hangars que j'ai appris ce que représentaient le décamètre et l'hectomètre. Nos cours de travaux pratiques, nous les prenions avec Jean Le Roux, le menuisier. Arrivé en 1960, il faisait partie des meubles, presque de la famille. Ma sœur France et moi étions les petits derniers. Nous avions toutes ses faveurs et il nous bricolait des modèles réduits de voiliers. Avec une patience infinie et une bonhomie bienveillante, il nous laissait, mes frères et moi, envahir son domaine et mettre à sac son établi, mais il pestait le lundi matin quand il devait commencer par rassembler ses outils avant de se mettre à travailler. Cet homme savait tout faire avec ses mains et trois bouts de bois, et, moi, j'avais la passion du travail manuel. Je n'imaginais pas, et je ne conçois toujours pas d'exercer une profession sans mettre la main à la pâte. J'ai besoin du contact avec la matière.

Les autres ouvriers étaient un peu moins patients. On avait beau être les « fils du patron », ce qui ne nous donnait strictement aucun droit, comme ne cessaient de nous le répéter nos parents, ils ne se privaient pas de nous tancer vertement. Mais on s'en fichait. Nous étions des vauriens, et fiers de l'être. Je crois que nous étions aussi très impertinents. Un jour, Hubert lança à un client qui passait voir où en étaient les travaux de réparation du cher navire dont il était très fier : « Mon papa, il a dit, votre bateau, il est pas beau ! »

Cela dit, nous ne rechignions pas à aider et on ne se privait pas de nous solliciter. En particulier les plus jeunes d'entre nous, car notre petite taille nous permettait de nous faufiler facilement dans les espaces les plus réduits pour ajuster une pièce ou serrer un boulon.

Notre cour de récréation était la plus grande du monde. Notre terrain de jeux n'avait pas de limites ou, plus exactement, des limites assez larges puisqu'elles s'étendaient de Concarneau aux Glénan, soit 10 milles nautiques. Nous n'étions tenus qu'à une obligation si nous voulions naviguer : apprendre à nager. Ma mère nous faisait passer l'examen qui consistait en une épreuve de 50 mètres nage libre. Après quoi nous étions libres d'aller et venir, à condition d'en aviser nos parents qui demandaient alors aux voisins d'avoir un œil sur nous. Bien évidemment, à la première occasion, nous échappions à leur vigilance pour aller toujours un peu au-delà. C'est comme cela qu'on grandit.

Une cloche nous rappelait à l'ordre et signalait la fin de la récréation ou l'heure du déjeuner. Lorsque nous étions partis trop loin, on envoyait le chien de la famille à notre recherche et lorsqu'on le voyait faire soudain volte-face et retourner vers la maison, nous savions qu'un coup de sifflet à ultrasons l'avait rappelé et qu'il fallait le suivre.

Comme on nous laissait la bride sur le cou, nous nous sommes tout naturellement comportés comme de véritables enfants sauvages, pour ne pas dire de sales gosses, sans aucun scrupule, menant la vie dure à nos parents perpétuellement alarmés de nous savoir Dieu savait où. Mais ils préféraient se faire du mauvais sang plutôt que de nous passer le licol. Le seul devoir moral que nous avions vis-à-vis d'eux était de tout leur raconter, ce que nous avons toujours fait, mais parfois bien des années après, de peur qu'ils n'attrapent une attaque au récit de ce que nous considérions comme des exploits ou bien qu'ils nous empêchent à tout jamais de remettre les pieds sur un bateau. Leurs occupations sur le chantier, heureusement, ne leur permettaient pas toujours de tout voir, de tout savoir.

Mon enfance a été la plus heureuse et la plus libre qui se puisse rêver. Dernier de la famille, on m'a laissé tranquille sans pour autant me laisser pour compte. J'ai donc eu toute latitude pour faire mes expériences. Et comme j'étais environné de bateaux, ce sont eux qui ont constitué pour ainsi dire mes premiers jouets. Les matériaux de construction étaient là, les outils aussi ; il ne restait plus qu'à faire preuve d'imagination et, de ce côté-là, je n'ai jamais été en reste.

Mon imagination m'a mené loin.

Jusqu'au Vendée Globe.

Jusqu'au bout du monde.

# 3

Septembre 2008. La prochaine édition du Vendée Globe promet d'être de haut vol. Trente bateaux et autant de skippers déterminés. Dans ma tête, je les ai divisés en trois groupes. Un tiers de favoris, un tiers d'outsiders et un tiers de « coubertinistes » – non qu'ils ne soient pas à la hauteur, mais, en toute objectivité, leur premier défi est de participer. Sur ces trente, il y a une moitié de Français, des Espagnols, des Canadiens, des Italiens, un Américain, un Autrichien et, bien sûr, quelques Anglais. Toutes les grandes courses de voile au large sont nées en Angleterre – le Fastnet, le Golden Globe, la Transat anglaise, la Mini-Transat, etc. « Les Anglais ont appris au monde l'art de se tenir à table. Ce sont les Français qui mangent... », dit le major Thompson. C'est un peu pareil pour la voile en solitaire qui est devenue une spécialité plutôt française.

La date du départ approche. Les bateaux se ressemblent et sont, pourtant, tous différents. *Idem* pour leurs skippers, qui partent tous pour la même course, mais chacun pour la sienne. Personne ne fera de cadeau. C'est normal, c'est le jeu. Parmi eux, j'ai particulièrement à l'œil Séb Josse, 34 ans. Il a commencé la compétition assez tard, gagné le Challenge Espoir Crédit Agricole en 1997 et terminé cinquième du Vendée Globe 2004-2005, malgré un bateau ancien. En 2007, il a remporté la Calais Round Britain Race en équipage sur *PRB*, puis la Rolex Fastnet Race, avec Vincent Riou. Il a aussi impressionné le milieu en skippant un bateau néo-zélandais sur la dernière Volvo Race, course en équipage avec escale autour du monde. Il a prouvé ses compétences, son sens marin, mais aussi sa grande force morale et son humanité. Je n'ai pas été surpris. On se connaît depuis longtemps. Jojo est motivé, très bien préparé, il a un excellent bateau. C'est un gars à surveiller, en ébullition permanente.

Le problème, c'est qu'il n'est pas le seul ! Les autres – Loïck Peyron, Jean Le Cam, Roland Jourdain, Vincent Riou, Jérémie Beyou, Kito de Pavant – ne partent pas pour amuser la galerie. Ce sont des gagneurs. Loïck est l'un des plus talentueux, des plus expérimentés. Bilou est un ami de jeunesse avec qui je n'ai jamais réussi à me disputer, mais, derrière son sourire et sa bonne humeur, se cache un redoutable marin. Jean, mon voisin à la ville et le beau-frère de mon frère

Hubert, est un compétiteur intuitif et génial. Tous ces gars, aussi, sont à surveiller.

À Port-la-Forêt, les derniers préparatifs se terminent. Avitaillement, équipement de sécurité, matériel de rechange, caisse à outils du bord. Tout est prêt à être embarqué. L'objectif est que le bateau quitte Port-la-Forêt pour Les Sables-d'Olonne prêt pour le Vendée Globe. Il reste évidemment une *job-list* de choses à faire sur place, mais rien de vital pour la course.

Avant l'embarquement du matériel, nous nous offrons une journée aux Glénan avec toute l'équipe et les familles. Pique-nique sur l'île de Guiriden en admirant *Foncia* qui mouille un peu plus loin. Baignade et wake board pour la bande d'ados. Au mouillage, ils s'amusent à se jeter à tour de rôle dans l'eau depuis le bateau en s'accrochant à la drisse d'homme. Au retour, dans la belle lumière de cette fin de journée de septembre, on fait une photo de toute la brochette de jeunes filles et garçons, hilares, installée dans la grand-voile. Avec d'autres, elle m'accompagnera tout autour du monde, collée dans la cabine de *Foncia*…

Le système de rangement à bord est constitué de huit grands traîneaux, sortes de grands sacs rigides et rectangulaires qui s'installent d'un côté ou de l'autre dans la zone de vie. Grâce à un système de palans, je peux ainsi déplacer et répartir le poids mobile pour équilibrer le bateau au mieux. Les traîneaux sont organisés par couleurs. Dans les bleus, les vêtements soigneusement mis sous vide par Martine et Daniel, un couple d'amis. Dans les jaunes, le garde-manger, domaine des Broken Arms Girls, Nathalie et Régine. Les rouges reçoivent les pièces de rechange et l'outillage et les verts, le matériel de sécurité.

Les repas sont prévus par jour. J'embarque donc quatre-vingt-dix sacs datés et numérotés, répartis dans quatre traîneaux. Dans chacun des sacs se trouve ma ration de nourriture pour 24 heures. Le nombre de calories est calculé en fonction du climat des zones de navigation – froid, chaud, tempéré. Globalement, les sacs contiennent à peu près tous la même chose : deux repas à base de lyophilisé ou de plats spéciaux concoctés spécifiquement pour les coureurs par Fleury Michon (je les ai appréciés, je peux les citer !), de quoi faire un petit déjeuner avec des biscuits et des compotes, deux desserts type crème ou fruits au sirop en petit contenant et des en-cas pour la nuit ou les fringales – nouilles chinoises, soupes, barres chocolatées. Sans oublier un excellent saucisson tous les trois jours et du chocolat, deux produits dont je suis particulièrement friand. Pour les zones froides, l'apport énergétique est complété par des briquettes caloriques liquides. Tout est comptabilisé, listé, pesé.

Sur chaque traîneau est inscrit son contenu et sa disposition pour que je puisse trouver le plus rapidement possible ce dont j'ai besoin. Quand la place est comptée, il est important de savoir ranger.

En ouvrant mes sacs, je découvrirai au fil des jours des messages, des dessins de mes enfants ou de leurs amis, des petits mots doux et, surtout, chaque semaine, un « bonus Broken Arms » : une petite clé USB contenant une émission de la « Broken Arms TV » concoctée et réalisée par l'équipe, sous la houlette d'Anne Sarkissian, une amie productrice. Ils ont mis à contribution les commerçants locaux, depuis la boulangère présentant la « Miche Desj », « un pain qui voyage très bien et se conserve longtemps », jusqu'au poissonnier et son huître « mich desj », « variété qui a la particularité de ne jamais s'ouvrir ». Ils ont aussi réalisé des sketches hilarants mettant en scène leurs activités en mon absence : hamacs dans l'atelier, organisation de réunions pour décider de l'heure de l'apéro, parodies d'interviews. Le clou du spectacle sera l'émission de Noël. J'y découvrirai l'équipe déguisée en crèche vivante et en sapin de Noël – avec Dimitri en angelot suspendu par un palan –, chantant « Mich Desj reviens parmi les tiens… » sur l'air de « Jésus, reviens » dans le film *La vie est un long fleuve tranquille.*

L'eau douce du bord est fournie par le désalinisateur. Comme il filtre aussi certains sels minéraux, j'emporte de petits compléments sous forme de comprimés – calcium, vitamines, etc. Je peux fabriquer 2,5 litres d'eau par jour, ce qui est peu. Je fais donc attention : lavage des dents à l'eau de mer (pas terrible) et mélange un tiers d'eau de mer, deux tiers d'eau douce pour cuire les pâtes – toujours salées…

J'emporte aussi deux brûleurs de gaz de rechange et six cartouches – je n'en consommerai au final que cinq. La vitesse du bateau, et d'ailleurs la concentration du capitaine, exclut l'option pêche, mais j'ai quand même demandé à mon ami Régis, spécialiste en la matière, de me fournir un peu de matériel, en cas de gros pépin et de conditions de survie.

J'emporte aussi une pharmacie complète, qui va de l'aspirine à la morphine, en passant par des antibiotiques et des attelles. Paul, le responsable sécurité, a prévu un kit de première nécessité – de quoi s'anesthésier localement, se désinfecter, se recoudre ou atténuer une forte douleur. Le kit restera en permanence accessible dans la cabine.

Outils et matériel de rechange, trousse de voilerie et petites pièces diverses trouvent leur place sous la marche d'entrée. La difficulté est de ne pas en emmener trop. On est vite tenté par le « au cas où » et il faut faire les choix les plus logiques possibles.

Mais essayer de prévoir ne met pas à l'abri de drôles de surprises. Un matin, voulant intervenir sur un vérin de voile d'avant qui avait tendance à perdre de l'huile, j'ai cherché la petite perceuse électrique, que j'ai trouvée bien à sa place. En l'extrayant de la caisse à outils – qui n'est pas une caisse, à proprement parler, mais un sac pour éviter tout bord agressif –, je constate qu'elle a baigné dans l'eau de mer et que la batterie est inutilisable. Qu'à cela ne tienne, nous en avons prévu une autre. Le problème est que l'autre est bloquée par la rouille… D'humeur maussade, carrément énervé en fait, je décide de la dégripper. J'attrape la bombe de dégrippant et j'en asperge ma perceuse, qui ne veut rien savoir… De rage, je balance la bombe qui atterrit au fond du sac à outils, sur une pince à bec. Et se crève aussitôt dans un long pschiiit. Je tente de contenir le jet continu en bouchant le trou avec mon doigt, c'est pire. Et c'est ainsi que je me suis retrouvé à jouer *Holiday on Ice* sur le plancher de la cabine changé en patinoire, pestant contre la terre entière au lieu de m'en prendre à moi-même. La longue séance de nettoyage qui s'est ensuivie m'a permis de canaliser mon énergie de façon plus positive, et j'en ai été quitte pour trouver une autre solution à mon problème. Pendant le Vendée Globe, si tu as besoin de quelque chose que tu n'as pas, apprends à t'en passer !

Dans les derniers moments qui précèdent la course, chacun vient avec des suggestions et il est facile de laisser le bateau se charger de plus en plus. Très rapidement, on peut se retrouver avec 300 kilos de barda insignifiant – thermos, livres, bouteilles diverses, puzzle, que sais-je… Je finis par vider tout ce bazar, ne conservant qu'une bouteille de Lylian Ladouys, un saint-estèphe offert par Jacky Lorenzetti, non pour le boire mais pour le faire vieillir en mer. Régine se charge de faire le tri dans les cadeaux de Noël.

Je pars aussi avec 210 litres de gasoil. J'en consommerai 180.

À bord, je dispose de deux ordinateurs. L'un est paramétré, l'autre est une copie conforme. J'en utilise un seul à la fois ; il ne fonctionne que lorsque j'en ai besoin, pour ne pas consommer trop d'électricité. Je m'en sers principalement pour la collecte des informations météorologiques sur Internet, puis pour leur affichage et leur analyse à travers le logiciel d'optimisation de trajectoire Time Zéro. Ce logiciel, dont la version embarquée a été développée jusqu'à quelques jours avant le départ, utilise les données de prévision des vents et des vagues, dans le temps et l'espace, ainsi que les performances théoriques ou observées du bateau, pour proposer une route optimale. Cette route se révèle exacte si les prévisions sont justes et si je fais marcher le bateau à son rendement prévu. À moi, donc, de savoir lire le résultat proposé et y porter un regard critique. De cette lecture découlent mes choix de route à court terme – quelques heures – et à long terme – jusqu'à dix jours. L'informatique à bord est aussi là pour la communication avec la terre et, principalement, la transmission de courriers électroniques, de photos et de vidéos. Sachant qu'une minute de film est envoyée à terre en trente minutes et que la minute de transmission de fichier par satellite est très chère, j'ai effectué une petite formation en montage vidéo afin de n'envoyer que ce qui est directement utilisable.

Seul le téléphone par satellite doit rester allumé 24 heures sur 24, pour le cas où l'organisation de secours serait nécessaire. En course, je ne souhaite pas être perturbé dans mon rythme de vie, de manœuvre et de repos, ni me transformer en standard téléphonique.

C'est donc toujours moi qui appelle la terre, jamais mon équipe. S'ils veulent me joindre, ils m'envoient un courriel pour spécifier leur demande. *Idem* pour les relations avec les journalistes : Laurence, la chargée des relations presse, me fait parvenir quotidiennement par mail les contacts et numéros que je dois joindre.

Personne n'appelle donc le bateau, sauf en cas de nécessité absolue, et sauf pour les vacations officielles de l'organisation qui ont lieu dans des créneaux horaires prédéterminés. Le seul qui a eu le privilège de déroger, c'est le patron de Foncia, Jacky Lorenzetti.

Si l'aide extérieure est interdite, les échanges sur des questions mécaniques ou techniques sont autorisés : comment réparer un moteur, une voile, un pilote automatique ; comment ouvrir une boîte de sardines pour les plus maladroits… Dans mes communications avec la terre, je ferai toujours très attention à ne pas échanger d'infos sur la navigation. Si un terrien, journaliste par exemple, me demande : « Qu'est ce que tu vas faire avec la dépression qui arrive ? », c'est déjà une information. Elle peut influer sur ma logique, et pas forcément dans le bon sens.

Pour le sommeil, il y a deux couchettes obligatoires, dont je ne me sers que rarement et plutôt comme débarras ou comme étagères. Je dors dans mon siège baquet, que je peux installer indifféremment à bâbord ou tribord, et j'ai emporté un pouf, un sac de billes au design très années 1970, que je peux installer où bon me semble.

Avec les mêmes contraintes, chacun organise l'intérieur de son bateau à sa façon. De même pour les choix de route et la stratégie globale. Nous avons tous accès aux mêmes informations *via* les cartes météo, et nous disposons tous de logiciels de routage. Chacun peaufine sa stratégie avec ces éléments.

Il y a huit ans, j'ai mis 93 jours à boucler mon tour du monde. Cette fois-ci, je prévois globalement 90 jours. La nouveauté par rapport aux éditions précédentes concerne les « portes des glaces ». Parce que les observations satellitaires montrent que les icebergs et autres glaces dérivantes se trouvent à des latitudes beaucoup plus septentrionales que d'habitude et pour que les concurrents ne soient pas tentés par le compromis, risqué, qui permet de raccourcir la route en descendant plus au sud – la terre étant ronde, plus on fait le tour de l'Antarctique par le bas, moins on fait de chemin –, les organisateurs de la course ont mis en place, en accord avec les coureurs, des marques de parcours virtuelles. Ces balises virtuelles, sept en plus de l'île Heard, limitent le terrain de jeux dans notre sud pour nous éviter, dans une certaine mesure de pouvoir traverser les zones de glace. Certains diront que, ainsi, les possibilités stratégiques sont réduites à peau de chagrin, puisque, entre deux portes, il y a environ 2 000 milles, soit une petite ligne droite à l'échelle d'un tour du monde. Cependant, comme nous avions comme seule contrainte de passer dans le nord d'au moins un point de chaque porte, cela compliquait bien plus notre réflexion que lorsque nous naviguons en eau libre avec comme principale préoccupation l'élaboration de notre route en fonction de la météo. La suppression de ces marques de parcours aboutirait à un mélange de jeux du cirque et de roulette russe, chacun devant assumer ses prises de risque. Le problème est que la prise de risque d'un concurrent dans ces contrées éloignées rejaillit sur tous les autres qui devront éventuellement se porter au secours du petit malin qui a défié la chance. Le tout dans des zones où la rencontre avec un iceberg ou un growler peut détruire nos frêles esquifs en très peu de temps.

Je suis prêt.

8 novembre 2008, veille du départ. Je suis calme. Traditionnellement, ce soir-là, les marins se consacrent à leur famille et à leurs amis. Les sponsors et les journalistes sont écartés. Nous dînons à l'hôtel avec Régine et les enfants, l'équipe technique et les familles. À la fin de mon premier Vendée Globe, j'avais dit que je concevrais mon prochain bateau de façon à pouvoir naviguer en charentaises. Marc et Jean-Philippe me remettent solennellement les chaussons fabriqués à leur demande par l'équipe de TBS, mon plus ancien et fidèle partenaire, avec un petit mot de Joseph Poirier, le directeur général devenu un ami précieux : « Pour un tour du monde peinard-pépère, comme d'habitude… » Cela n'a pas toujours été pépère, mais je les ai effectivement appréciées, ces charentaises, pendant ces trois mois !

Le jour du départ, je profite de la douche du matin. Les occasions de se laver, désormais, vont être rares. Elles viendront du ciel : dans les zones chaudes, il y a les averses pour se savonner. Dans les zones froides, où il peut faire – 5 °C, pas question de se changer, la toilette est sommaire et s'effectue à l'aide de lingettes pour bébé.

Pas question d'utiliser l'eau de mer qui creuse les plaies, provoque des irritations, aggrave les abrasions et garde l'humidité. Le sel est l'ennemi du coureur au large. Quand on se fait rincer par des paquets de mer, sur le pont, il est impératif de se sécher les mains pour ne pas ramener de sel à l'intérieur des manches, de se déshabiller en retournant la veste de son ciré bien fermée. Interdit d'entrer dans le bateau tout dégoulinant ! J'ai ainsi quelques maniaqueries de vieux garçon et je ne m'assieds jamais quelque part sans avoir passé un coup de chiffon d'abord, si j'ai enlevé mon ciré.

Dans quelques heures, je vais redevenir un solitaire…

Solitaire…

Ma première traversée s'est déroulée à bord d'une petite annexe sur laquelle j'avais fiché un bout de bois auquel j'avais accroché un sac de plastique en guise de voile. À cette époque, mon ambition première était de traverser l'anse sans chavirer, et en un temps assez court pour ne pas alerter mes parents et ne pas rater le goûter de 4 heures. Soudain, à ma grande terreur, j'ai vu un piquet bien droit qui avançait sur l'eau, j'ai imaginé qu'il devait voyager sur le dos d'un gros poisson. Ce fut ma première observation du phénomène des courants marins. Je l'ai, par la suite, un peu affinée…

Je n'étais pas encore d'une grande témérité, et les membres de ma famille ne manquent jamais de raconter à qui veut l'entendre l'une des premières fois où j'ai embarqué sur le Tarentelle familiale : au premier coup de gîte, je me suis précipité à fond de cale et n'en suis sorti qu'à l'arrivée à quai. Lorsque j'ai enfin posé le pied sur la terre ferme, c'est en pleurnichant, le cœur gros et nauséeux, jurant de ne plus jamais naviguer « sur un bateau qui penche ». Je ne tins pas longtemps parole, car, si cette première expérience fut peu glorieuse, elle éveilla aussi en moi le désir d'aller plus loin.

Je garde un bien meilleur souvenir d'un rituel familial presque sacré : la pêche aux moules aux Glénan. La grande marée du mois de septembre que nous attendions avec impatience était le signal de notre grande expédition annuelle. Toute la famille embarquait sur le Tarentelle, et lorsqu'on arrivait aux abords des îles, nous débarquions avec l'annexe sur des rochers à l'est de l'archipel. Nous nous livrions alors à une véritable razzia de moules et de pousse-pieds dont la cueillette à cette époque n'était pas encore prohibée. S'ensuivaient de mémorables ventrées dont le goût me reste encore sur la langue.

C'est à peu près à cette époque que débute une nouvelle ère pour la famille Desjoyeaux comme, du reste, pour tous ceux et celles liés de près ou de loin à la navigation. Les matériaux composites de première génération, fibre de verre et résine polyester, font leur apparition dans les années 1960. Ils vont déclencher au sein du milieu nautique une véritable révolution pacifique, mettant définitivement fin au règne des *happy few* et ouvrant l'ère de la démocratisation et des loisirs de masse. Les bateaux en bois sont peu à peu relégués au rang de pièces de musée auxquelles on reste parfois attaché sentimentalement : on ne les exhibe plus que lors des rassemblements ou des régates de vieux gréements. Les unités construites dans ces nouvelles matières sont moins coûteuses à fabriquer et elles peuvent être produites en grandes séries, puisque leur coque est moulée, et exige un entretien moindre. Il n'est pas nécessaire de les sortir de l'eau chaque année pour repeindre la carène et refaire les vernis, elles peuvent y séjourner en toute saison. L'activité d'hivernage lancée par mes parents va donc devoir s'adapter.

Dans le même temps, les perspectives qu'ouvre le futur port de plaisance sont pleines de promesses. Nous sommes au début des années 1970, la grande époque du bétonnage littoral et des éléphantesques cités balnéaires dont La Grande Motte reste à ce jour le plus emblématique exemple. Ici comme ailleurs, les promoteurs immobiliers flairent la bonne opération. Dans leurs cartons, une grande rotonde, censée ressembler à la ville close de Concarneau, version béton, flanquée de deux grands bâtiments, le tout planté sur le minuscule îlot Skoën qui se trouve en fond de la vasière qu'il est prévu de remblayer. Toutes les audaces urbanistiques et architecturales, même si elles sont souvent malencontreuses, séduisent. La foi dans le progrès, dans le bonheur pour tous au sein d'une intarissable société de consommation fait alors office de religion. La France des Trente Glorieuses se met à table avec un solide appétit et s'apprête à dévorer à belles dents des milliers de kilomètres de côtes vierges et verdoyantes.

Mon père, en homme tourné vers l'avenir, ne cache pas son enthousiasme. Le pionnier de Kerleven fait partie du groupe de personnalités locales qui accompagnent les édiles locaux dans ce projet. Son prestige est définitivement établi lorsque, au cours d'une visite de représentants du gouvernement, le maire lui présente Olivier Guichard, alors directeur de la Délégation à l'aménagement du territoire et à l'action régionale (DATAR). Ce dernier le salue avec chaleur, puis le prend par le bras et tous deux, tournant le dos à la nombreuse assistance, s'en vont se promener sur la plage comme de vieux amis, ce qu'ils étaient avant la guerre et qu'ils sont restés malgré les années. Accompagné par Jean Le Berre, un des architectes du projet, mon père se rendra même aux États-Unis pour y visiter les complexes de plaisance qui y ont vu le jour. Aujourd'hui, quand je regarde les plans qui ont été tracés, je me dis qu'on l'a échappé belle. Mais, dans bien d'autres endroits, il est désormais trop tard.

En attendant, je m'amuse comme un fou sans me soucier de ce que les machines broient, aplanissent, drainent, remodèlent, comblent. Là sont mes joies d'enfant. Le chantier de construction du port est un nouveau terrain de jeux formidable. Dragueuses et suceuses tournent à plein régime pour créer le polder sur l'ancienne vasière. Leurs déjections contiennent des coquillages et des anguilles en quantité industrielle. Jonchant le sol, des trésors sont aussitôt recyclés et transformés en machineries invraisemblables. Je me construis un char à voile avec des bobines de fer à souder en guise de roues et des planches clouées pour cockpit. Pour les voiles, le placard et la machine à coudre de ma mère y ont pourvu.

Mais le bonheur des uns fait très rarement celui des autres. Un comité de défense local, attaché à la préservation du site, monte au créneau et attaque en justice. Il menace même de ses foudres le port qui manque d'être comblé par arrêté ministériel. Celui-ci est finalement maintenu, mais le projet immobilier est tué dans l'œuf. Conservateurs et écologistes ont lutté pied à pied. René Dumont, le charismatique militant écologiste de la première heure, futur candidat aux élections présidentielles de 1974, est venu, en personne, sensibiliser les foules sur le port. Le béton ne coulera pas. En lieu et place, s'installent, dans un chaos bon enfant et dans le vide juridique le plus total, baraques et paillotes, bistrots et épiceries. On utilise des constructions préfabriquées identiques à celles des établissements scolaires provisoires. L'anse paisible de mes parents s'enfonce peu à peu dans le passé, tandis qu'émerge de la vasière du Gouërou, terrain de jeux de mon enfance, le jeune et fringant Port-la-Forêt. Pendant une vingtaine d'années, les abords du port resteront un peu sauvages et équipés de simples baraquements, un imbroglio juridique empêchant tout développement urbanistique. Ce sont les lois de décentralisation, en 1981, qui permettront de faire redémarrer le projet, et donneront à Port-la-Forêt, devenu depuis « Port-la-F' » sa physionomie actuelle.

Les premiers bateaux viennent s'y amarrer en 1972. Particulièrement bien abrité des vents dominants et de la houle, car situé en fond de baie, Port-la-Forêt connaît une forte affluence. Les pontons sont vite saturés. Avec les 500 anneaux prévus au départ, la capitainerie est obligée de refuser du monde. Plus tard, le port sera agrandi. Un élévateur permet une gestion plus efficace des stocks. Les temps ont vraiment changé. L'ère de la navigation de masse se profile. Mon père répond à l'appel et devance la demande en adaptant son atelier de réparation aux nouveaux modes de fabrication et en concevant des engins de roulage montés sur vérins hydrauliques afin d'extraire les bateaux de l'eau et de les parquer au sec. Mais l'activité ralentit.

Heureusement, la relève est assurée. Mes frères aînés Hubert et Bertrand ont passé avec succès leur premier examen à l'école de la vie et font une entrée fracassante dans l'âge adulte. Ils ont un bel appétit et la table, en ce tout début des années 1980, est bien garnie. Multiplast, le chantier de construction de bateaux installé à Vannes, les invite à venir s'exprimer sur la construction navale en matériaux composites. C'est le début de la grande époque des multicoques de course au large.

La nature ayant horreur du vide, les deux compères profitent de ce que le troisième hangar familial est en déshérence pour l'investir et y monter, avec Jean Le Cam et Gaëtan Gouerou, leur propre atelier de construction navale. Ils le baptisent CDK, comme « c'est des cas » ou plutôt comme les initiales de Chantiers de Kerleven, en souvenir de celui qui a été créé un quart de siècle auparavant par nos parents. Une façon de ne pas oublier d'où on vient ni à qui on le doit.

En cette matinée de départ du Vendée Globe, je regarde la foule déjà installée le long du chenal. Il fait plutôt gris. La météo du départ annonce une grosse dépression dans le golfe de Gascogne qui va obliger à batailler dur dès les premières heures de course. Ce n'est pas forcément ce qu'on préfère comme entrée en matière, mais il n'y a pas le choix. Nos bateaux sont faits pour affronter un tour du monde, alors allons-y.

Pour moi, la mer est une vaste étendue ludique, l'un des derniers grands espaces de liberté que l'homme puisse avoir. C'est un environnement qui a son propre rythme, sa propre musique, ses propres couleurs.

L'océan est impossible à apprivoiser.

Je dois accepter de composer avec.

# 4

9 novembre 2008. Pour quitter le port, les bateaux, dont les hélices sont plombées, doivent être remorqués. Un ordre de départ a été distribué. *Foncia*, amarré en début de ponton sera l'un des derniers bateaux à sortir. Les quais sont noirs de monde. J'utilise un pneumatique pour rejoindre le bateau, pour éviter de traverser la foule. Les premiers concurrents sont maintenant partis. Je vais saluer Bilou Jourdain et Sam Davies. Les autres ne sont déjà plus là.

Sur le ponton, beaucoup de journalistes et, autour de *Foncia*, quelques proches et les familles de l'équipe qui ont bien du mal à s'approcher du bateau. Curieusement, il y a toujours dans ces circonstances quelques connaissances un peu lointaines qui choisissent ce moment où l'on n'a absolument aucune disponibilité pour réapparaître et qui traînent déçues du peu d'attention qu'on leur porte. Je n'ai pas de temps pour ce genre de considérations, je préfère retrouver mon équipe à l'intérieur du bateau. Je prends quelques infos météo, fais un point avec l'équipe technique.

Dès que je me montre à l'extérieur, les caméras cherchent à avoir les dernières images, les derniers mots avant le départ. J'en ai marre des mondanités. Il est temps de partir. Je donne le signal, un peu en avance sur l'heure prévue, désorganisant l'équipe, qui ne peut circuler pour larguer les amarres, gênée par le groupe de journalistes agglutinés devant le bateau. On évite de justesse une première catastrophe quand l'outrigger vient presque toucher l'un des piliers du ponton. À califourchon au bout de l'espar, Dimitri parvient à déhaler le bateau qui sort de sa place de ponton en marche arrière, un peu comme une voiture quitte une place de stationnement. La remorque passée sur le pneumatique de *Foncia* est un peu longue et le bateau, sur son erre, recule toujours vers les rochers du fond du port. Sur le ponton, tout le monde s'est figé, dans l'attente du drame. L'équipe technique de *Veolia* situé juste derrière a déjà sauté dans ses pneumatiques pour venir à la rescousse. La remorque glisse, un chandelier plie à l'avant, il y a des cris. Et mon bateau qui recule toujours... Je ne m'énerve pas, je suis calme, comme détaché. Enfin le bateau s'arrête. Je comprends que la quille s'est enfoncée dans la vase, provoquant ce ralentissement. Aidés par l'équipe de *Veolia* en pousseurs, nous repartons enfin dans la bonne direction... À pas grand-chose près, mon

Vendée Globe aurait pu s'arrêter là. J'apprendrai plus tard que, dans l'équipe, Paul s'est cassé le doigt dans la manœuvre et je sais que Marc s'en veut toujours pour ce cafouillage dont il n'est pas responsable. C'est moi qui ai devancé l'appel, trop pressé de quitter de ponton.

Dans ma tête, je suis déjà parti.

Dans le chenal, nous sommes encore neuf à bord, Régine et mes trois fils, Dimitri, l'informaticien et l'électronicien de l'équipe, Marc, mon boat-captain, Paul, le responsable des équipements de sécurité et des ballasts et Julien, qui s'est occupé de tous les appendices du bateau. Le reste de l'équipe nous entoure, répartie sur plusieurs pneumatiques. De chaque côté du chenal, une foule compacte, malgré le temps maussade, crie et applaudit. C'est impressionnant, beau à voir et chaleureux. Je prends le temps d'apprécier l'hommage à ceux qui partent, mais je dois rester concentré, ne pas me laisser envahir par une émotion trop forte.

Dès la sortie des digues, la mer est formée. Il est convenu de faire les débarquements à la fin du chenal pour éviter tout risque au large. Régine et les enfants sautent dans les semi-rigides. Les adieux sont rapides. Nous avons une certaine habitude de ce genre de moments, ce qui ne veut pas dire qu'ils sont sans émotion. Mais nous savons que le plus important s'est dit avant. Marc, Dimitri et Julien restent à bord. Le temps précédant le départ passe rapidement. Tout est prêt. Nous avalons un sandwich en plaisantant. Le mien me reste sur l'estomac. Le trac, c'est bon signe. Un dernier coup de main pour hisser les voiles, une dernière poignée de main... Équipés de combinaisons de survie, les gars sautent à l'eau pour éviter tout abordage dans cette mer un peu grosse et sont immédiatement récupérés.

Le spectacle est impressionnant. Trente voiliers de 18 mètres, une noria de bateaux spectateurs, sans oublier plusieurs hélicoptères. Impressionnant, mais dangereux. Le risque majeur est l'abordage. Avec un autre concurrent, bien sûr, mais surtout avec un bateau spectateur ou une vedette presse. Les pneumatiques de l'équipe sont prévus pour servir de « chiens de garde » et dissuader les curieux d'approcher trop près. Le compte à rebours s'égrène. Huit minutes avant le départ... Lors du dernier briefing des concurrents, certains avaient évoqué le fait que les bateaux risquaient d'essayer de franchir la ligne bâbord amure pour pouvoir au plus vite aller chercher le vent au large. Or, en navigation à voile, le bateau qui est prioritaire est celui qui est tribord amure, qui reçoit le vent sur sa droite. Franchir une ligne de départ bâbord, c'est-à-dire en recevant le vent sur la gauche, est relativement peu usité, car très risqué en termes de stratégie ; cela peut donner lieu à des abordages au cours desquels le bateau bâbord aura forcément tort. Lors d'un départ pour une course aussi longue, il est primordial d'éviter tout contact, tant les conséquences seraient énormes. Il a donc été décidé, dans une sorte de *gentlemen agreement* que tout le monde partirait bâbord.

La voix de Sylvie Viant, directrice de course, résonne dans la VHF. Quatre minutes… Bien placé à gauche de la ligne, j'aperçois Mike Golding sur *Ecover* et Unai Basurko sur *Pakea Bizkaia* arriver vers moi tribord amure. Le moins qu'on puisse dire, c'est que leur stratégie manque d'efficacité : ils coupent la route de tous les autres concurrents et surtout partent du mauvais côté, mais ils sont prioritaires.

Sous solent et grand-voile haute, je suis le plus toilé de la flotte. Le vent, faible il y a encore quelques minutes, commence à forcir et je n'ose pas tirer la barre de peur d'une accélération trop vive qui me ferait « partir au tas », au lof, et perdre le contrôle du bateau. Pas question de risquer le contact et le refus de priorité, je décide donc de virer de bord, quillé dans le mauvais sens et voiles à contre. Je me mets volontairement en vrac pour les laisser passer, les voiles s'écrasent contre le gréement, puis je reprends péniblement ma route. En somme, je rate mon départ à 100 % !

Plus tard je verrai les images prises d'hélicoptère. Pas joli, joli. Dans les semi-rigides, l'équipe se cache les yeux pour ne pas voir et Régine peste contre mon départ lamentable. Conscient de la piètre démonstration de mon statut de favori, je ne m'apitoie pas et reste dans l'action. Je passe la ligne dans le peloton de queue. Très vite, les bateaux s'étalent. La plupart des skippers ayant opté pour un ris dans la grand-voile et la trinquette, j'ai environ 50 mètres carrés de voile en plus. *Foncia* revient sur la tête de course, avec Jourdain, Josse, Riou, Dick et Peyron. Le vent forcit. Je roule mon solent, je passe sous trinquette. La mer est courte, agitée. Très vite, la lumière descend, l'obscurité s'installe. Les derniers bateaux accompagnateurs nous ont laissé filer au large. Première nuit en mer. Il faut s'amariner rapidement sans perdre le fil de la compétition. La météo se dégrade, un premier front froid amène quelques belles rafales : ce ne doit être que passager. Je vois pourtant quelques feux autour de moi s'écarter et perdre rapidement du terrain, j'en déduis qu'ils réduisent la toile. Quand le vent se calme pour quelques heures, j'ai la toile du temps, je creuse l'écart dans cette mer chaotique où naviguer sous-toilé est très pénalisant, en faisant route ouest-nord-ouest. À 4 heures du matin, au premier classement, je ne suis pas très bien placé, mais le classement est fait en distance au but, il ne tient pas compte des options et des bords à tirer. Mon positionnement par rapport à la flotte est bon, très bon même. J'ai déjà fait le trou, je vais être le premier à passer dans le régime de vents de nord-ouest, je vais donc démarrer en trombe avant les autres. Cap sur la pointe d'Espagne. C'est à ce moment-là que je m'aperçois de la fuite de mon ballast…

À Port-la-Forêt, le temps des pionniers, celui des années 1950, est depuis longtemps dépassé. Dans les années 1980, CDK Composites est devenu un chantier de référence, spécialiste de la construction composite pour la course au large. Épaulée par Marc Van Peteghem et Vincent Lauriot-Prévost, jeunes architectes navals, l'aventure CDK monte vite en puissance. Ils construiront, entre autres, *Poulain*, le bateau sur lequel Olivier de Kersauzon accomplira son tour du monde en solitaire. Impressionné par l'ingéniosité et l'efficacité de ces bricoleurs de l'impossible, l'« Amiral », en parrain attendri, attribuera à Port-la-Forêt un nom de baptême qui en dit long « la vallée des fous ». Quand Stéphane Peyron lance le pari insensé de traverser l'Atlantique en planche à voile, c'est encore à la dream team de CDK qu'il s'adresse. Celle-ci lui concocte un engin hybride absolument invraisemblable qui n'a de planche à voile que le nom et le principe : un esquif mû par une voile – deux en l'occurrence –, montée sur un mât mobile et pourvu d'un safran. Mais cette « planche » possède un habitacle, une cabine – enfin, tout le confort, très relatif, dont peut rêver un marin pour faire de la haute mer.

C'est le début de l'époque moderne. Tout ce qui aujourd'hui n'étonne plus personne dans la voile de compétition a fait alors son apparition, notamment cette matière qui va révolutionner ce sport, la fibre de carbone, si légère sur l'eau et si lourde dans les budgets. C'est une période d'émulation formidable où l'on pulvérise sans arrêt les records de vitesse sur l'eau et où tous les Géo Trouvetout de la voile, essentiellement ceux qui vivent de part et d'autre de la Manche, dépensent des trésors d'ingéniosité pour se damer le pion. Il y a deux grands rendez-vous annuels pour ces merveilleux fous flottants et leurs drôles de machines :

l'un, la Semaine de Weymouth, se déroule dans un haut lieu du yachting, au sud de l'Angleterre, à l'abri de la presqu'île du même nom, l'autre se tient dans la rade de Brest. Ces deux plans d'eau sont à la voile ce que le Grand Lac salé de Bonneville, aux États-Unis, est aux sports mécaniques. Toutes les folies y sont permises. Les projets les plus abracadabrants voient le jour. Certains, tels des papillons éphémères, coulent ou se démantèlent au terme, pas toujours atteint, d'une course folle de 500 mètres.

Le but du jeu est de réussir cette courte distance avec n'importe quel moyen de propulsion, à condition qu'il n'ait que l'air comme carburant. C'est là qu'on voit apparaître les hydrofoils, mais aussi les premiers bateaux tractés par des cerfs-volants, par des ailes rigides. C'est là aussi que la planche à voile acquiert ses lettres de noblesse. Je ne participerai à ces joutes que beaucoup plus tard, mais je vais à Brest regarder, médusé, ces incroyables engins. Il y a une effervescence contagieuse et une imagination débordante.

Moi, je n'ai qu'une idée en tête : inventer le bateau du futur. Avec mes frères, nous expérimentons sans cesse, sur des modèles réduits, toutes les idées qui nous traversent l'esprit. Tout ce qui nous tombe sous la main est recyclé en pièces pour nos prototypes dont le plus révolutionnaire, même s'il n'a jamais fonctionné, est sans conteste le bateau à ailes basculantes. Son principe est assez délicat à expliquer. Imaginez un trimaran dont un côté, au lieu d'être presque à l'horizontale, s'élève dans le ciel, une aile rigide reliant les deux flotteurs. Les deux poutres tiennent lieu à tour de rôle de mât et de bras de liaison et le tout bascule – théoriquement – autour de l'axe de la coque principale à chaque changement de bord. À petite échelle, en donnant un coup de pouce, cela ne fonctionne pas si mal, mais quand on réalise l'expérience en grand, c'est un fiasco total. Impossible de virer. Le concept sera repris quelques années plus tard par un constructeur naval qui lui consacrera d'autres moyens que les nôtres, sans parvenir à un résultat beaucoup plus probant.

Mais peu importent les revers de fortune, l'élan est donné. Cette ébullition permanente forme le caractère. Toute idée, pour nous, est bonne à tenter, tout moyen bon à prendre. Les clients de CDK viennent avec des projets inimaginables ; mes frères et leurs acolytes s'y engagent avec enthousiasme. Chacun a un besoin impérieux d'explorer. Il n'y a pas qu'une seule limite au déraisonnable : il faut que l'invention, quelle qu'elle soit se révèle opérationnelle. Il n'y a que quelques mètres à franchir pour le vérifier : la mer est toute proche.

J'ai été, durant ma jeunesse, sinon très protégé, du moins très préservé. Mais si on me laissait beaucoup de liberté, je savais qu'il y avait des limites à ne pas dépasser et j'étais, malgré tout, très respectueux de l'autorité. Mes parents, sans être laxistes, étaient assez libéraux. Il y avait, cependant, à leurs yeux, un temps pour tout et on ne tentait pas le diable en prétendant brûler les étapes initiatiques de la vie. Je fis donc prudemment mes premiers pas de marin et commençai à régater vers 14-15 ans. Nous avions un petit Kid, un dériveur de 4 mètres équipé d'une grand-voile et d'un foc. C'est sur lui que j'ai goûté pour la première fois à l'ivresse d'être seul maître à bord. Je pense, du reste, que, dès cette époque, je me destinais, par les dispositions de mon caractère, à être un coureur en solitaire plutôt qu'en équipage, même si j'aime les deux configurations. Je vivais dans un paradis terrestre et maritime, bien à l'abri des contingences auxquelles sont soumis beaucoup d'autres humains. J'allais bientôt devoir me confronter à celles-ci et à ceux-là. Ce ne fut pas toujours de gaieté de cœur.

En dehors de la période estivale, notre petit village d'irréductibles Finistériens était relativement désert. Peu ou prou de distractions ou d'amis avec qui les partager. Nous ne partions jamais en vacances en famille, car on ne déplace pas aisément neuf personnes et un chien ! Mes parents étaient sans cesse occupés par le chantier et je crois ne les avoir jamais vus prendre plus de deux ou trois jours de repos d'affilée. Parfois on me confiait quelques jours à un oncle ou à ma marraine. Je ne raffolais pas de ces villégiatures : j'avais tout ce dont je rêvais chez moi et je ne pensais pas que l'herbe était plus verte ailleurs, ou le sable plus fin et l'eau plus bleue. Aussi bizarre que cela puisse paraître, j'ai été un garçon casanier. Et, le plus bizarre, c'est que je le suis resté. Je n'ai jamais quitté le village où je suis né ou disons plutôt que j'y suis toujours revenu.

Plus grand, comme tous mes frères et sœurs, je donnais un coup de main au chantier pendant les vacances. Petit à petit, mes parents ont commencé à me confier des tâches plus « nobles » comme la remise à l'eau des bateaux des clients. C'est sur eux – les bateaux, pas les clients – que je me suis fait les dents. Et puis, un peu de dériveur par-ci, un peu de croiseur par-là pour apprendre les rudiments. J'ai fini par me risquer seul au large sur *Tac*, le bateau familial de 8 mètres qui me semblait déjà, du haut de mes 14 ans, de bonne taille. Je prêtais aussi main-forte pour les manœuvres de port, ce qui est un excellent exercice, *Tac* ayant pour principale fonction de remorquer les autres voiliers vers le chariot de sortie d'eau.

Pendant l'année, cette vie de cocagne était régulièrement interrompue, chaque lundi matin, par l'obligation de retourner en classe. Je ne portais plus de culottes courtes depuis quelque temps déjà et ma mère avait rendu sa règle de maîtresse d'école à domicile. Nous nous enfournions donc, avec mes frères et sœurs, dans la 2 CV que conduisait mon père pour rejoindre Quimper. Nous y passions la semaine, très heureusement coupée par le mercredi après-midi, dans une maison que mes parents avaient acquise pour que nous puissions vivre hors et loin du chantier naval, plus près des bancs de l'école.

J'ai de cette époque un souvenir assez sombre. La vie quimpéroise était bien morne comparée au paradis qu'était pour moi Port-la-Forêt. Quant aux matières qu'on m'enseignait, elles n'éveillaient mon intérêt que lorsqu'elles me permettaient de comprendre certains mécanismes que je pouvais, d'une manière ou d'une autre, essayer d'appliquer. Au fond, je n'étais réellement concerné que par ce qui va sur l'eau, poussé par le vent. Je me réfugiais dans la bibliothèque pour y dévorer tout ce qui avait trait à ces deux éléments. Les cours de physique et de mathématiques ne retenaient mon attention que dans la mesure où je pouvais établir un parallèle entre ce qu'ils m'expliquaient et les expérimentations que je tentais.

Les histoires ne m'intéressaient pas. L'Histoire avec un grand H non plus. Je n'avais pas d'inclination particulière pour la littérature ou les sciences humaines. J'ai un esprit fondamentalement pratique. Les spéculations ne sont pas mon fort. Des domaines comme la philosophie me sont toujours restés étrangers. Pendant les cours, j'étais beaucoup plus angoissé par la résolution du morpion que par la condition humaine. Je préférais aux grands concepts les petites combines et mettre bon ordre dans les couleurs du Rubik's cube, jeu qui connaissait alors une grande vogue et dont je suis resté un inconditionnel.

Mon livre de chevet, un peu encombrant, c'était l'*Encyclopedia Universalis*. J'étais d'une curiosité insatiable pour tout ce qui concerne les causes et leurs effets. Je me posais sans cesse des questions et cette bonne grosse somme de connaissances y répondait le plus souvent. J'y trouvais tout sur les mystères passionnants de la nature – les avantages et les terribles inconvénients du mercure, que j'envisageais d'utiliser dans une invention de mon cru, comme les bases du principe d'Archimède, que tous ceux qui vont sur l'eau, et même les autres, devraient connaître.

Je pense que mes professeurs me trouvaient transparent. Je n'étais pas un cancre, encore moins un fauteur de troubles. J'étais simplement aussi incolore, inodore et sans saveur à leurs yeux que leur savoir l'était aux miens. Exception faite des sciences naturelles et de la physique-chimie, je suivais les cours avec une parfaite indifférence – ils se déroulaient sans moi.

Je n'avais en outre aucune disposition à me faire des amis. Même quand on venait me chercher, on ne me trouvait pas toujours. Je n'avais pas, c'est le moins qu'on puisse dire, de talent naturel pour aller vers les gens. Ce tempérament un peu renfermé cachait une timidité maladive. Je rougissais avant même qu'on m'adresse la parole et, s'il me fallait répondre à un interlocuteur, alors là, je tombais dans la plus grande confusion, parfois saisi d'une franche panique qui me donnait des sueurs froides.

Le monde était pour moi comme une scène de théâtre. Je n'y entrais jamais sans avoir le trac et celui-ci ne me quittait que lorsque le rideau tombait. J'ai appris depuis à composer avec ces traits de caractère, mais ils sont là, sous-jacents, et expliquent peut-être la raideur qu'on me prête.

Mes frères étaient tout l'inverse. Plutôt forts en gueule, ils occupaient le terrain. Le petit dernier que j'étais avait bien du mal à se faire entendre. Il se taisait donc. Et la place qu'on ne lui donnait pas, c'est en lui qu'il la trouvait. J'ai ainsi vécu la période qui précède l'adolescence dans une sorte d'autisme ou, plutôt, de mutisme, car je ne perdais pas une miette de ce qui éveillait un tant soit peu ma curiosité. Mais de vie sociale, très peu pour moi. J'allais aux cours, je déjeunais à la cantine, je rentrais à la maison et je vaquais à mes occupations. J'étais plus asocial qu'anti et, cela reste vrai. Ma compagne aime répéter que vivre à mes côtés revient à voisiner avec une huître, et une huître très souvent fermée.

D'une certaine manière, j'ai été un solitaire dans l'âme avant d'en devenir un sur mer.

Certains, tout de même, ont réussi à percer ma carapace, en particulier Lionel, qui m'a initié à la culture musicale. Chez nous, il n'y avait que deux fréquences « autorisées » : France Inter ou France Musique. Sur le vieux pick-up, mon père nous laissait parfois mettre un disque des Beatles, mais c'était à peu près la seule concession qu'il pouvait faire aux « yé-yés » ou aux « punks » – deux termes qui, pour lui, englobaient à peu près tout ce que la société moderne peut engendrer de pire comme déviance. Avec Lionel, mélomane fanatique, je me suis ouvert à la musique du temps. Il était tellement passionné par toutes les tendances qu'il avait lancé une radio avec un petit émetteur bricolé dans sa chambre. Il devait avoir trois auditeurs au plus, mais il animait son émission avec une conviction que je trouvais formidable. Les radios libres commençaient à émettre çà et là, en toute illégalité, et je pense qu'il aurait rêvé d'être à la tête de l'une d'elles. Il était militant vert aussi, « alternatif » comme on disait alors. C'était un écologiste avant la lettre. Il est resté fidèle à ses engagements.

Pendant tout ce temps, j'ai traîné ma scolarité comme un forçat son boulet. Le baccalauréat arriva enfin et, avec lui, le jour de la délivrance. Hélas ! J'échouai. Une année de plus à tirer, une année de plus au bagne. J'eus finalement l'examen l'année suivante, à la séance de rattrapage, sans un point de trop. Je crois qu'ils me l'ont donné. Je retrouvais ma liberté.

Trinquette deux ris, 30 nœuds établis et la mer toujours forte.

La route du retour vers Les Sables-d'Olonne est musclée pour une entrée en matière. Je sais que les autres subissent les mêmes conditions, mais contre le vent. Cela doit être encore plus éprouvant. Sauf qu'ils vont dans le bon sens. Moi, je suis en train de prendre du retard. Pour moi, le Vendée Globe 2008 risque bien de se transformer en course à retardement. Il faut réparer et repartir le plus rapidement possible.

Pour revenir dans la course, la seule solution est de mener le bateau au plus proche de son plein potentiel.

Ce qui n'est pas pour me déplaire.

# 5

Quarante heures plus tard, quand je repars dans le bon sens, les conditions sont radicalement différentes. La dépression qui a cueilli la flotte dans le golfe de Gascogne et accompagné mon retour, et aussi celui de quelques autres, a laissé place à une situation qui engendre déjà quelques frustrations, plusieurs bateaux devant définitivement déclarer forfait. Les difficultés de la course reviennent au premier plan. Je traverse le golfe avec des vents plus favorables que mes prédécesseurs, mais, le 15 novembre, le long des côtes portugaises, empêtré dans des vents asthmatiques, j'accuse jusqu'à 670 milles de retard sur la tête de course. Je donne le change dans des messages qui se veulent sans états d'âme.

```
Salut la compagnie,
Nuit calme sous grd spi toujours, vent très
variable, barré bcp, bien dormi aussi,
paisible mais pas très rapide, le vent est
bien calme ici en ce moment.
Bon week-end,
Mich
```

Je choisis une trajectoire nette, avec une option par le large de Madère et l'archipel des Canaries. Je grappille les milles, un peu comme un écureuil ronge une pomme. Petit à petit, concentré sur mes réglages comme si je faisais une régate de quelques heures, mon retard sur Loïck Peyron se réduit. Je pointe à la vingt-deuxième place. Pas de quoi pavoiser, mais je ne suis pas mécontent. Un alizé joueur me permet de naviguer à l'ouest, où je trouve des vents favorables. J'en profite pour m'amuser un peu, j'avance vite, je cherche les bonnes brises, j'aligne quelques performances.

Le 21 novembre, je suis à la seizième place, et j'ai encore réduit la distance avec Loïck Peyron : 273 milles.

J'ai gratté 53 milles par jour.

```
21 novembre. Fonciatitude.
Nuit noire, croisé un tanker, en route pour
Bonny, sais pas où c'est, ds le golfe de
Guinée, je suppose. Vent variable a bien
molli, mer croisée pas facile, ça secoue et
ça n'avance pas, ça n'empêche pas de dormir…
Bonne nuit,
Mich
```

Le grand spi a bien rempli sa fonction, l'ergonomie de *Foncia* aussi, qui m'a permis d'enchaîner les manœuvres nécessaires à une navigation optimisée, sans être limité par la puissance ou les efforts liés à un voilier de cette taille. Je peaufine les réglages. Je vise maintenant Marc Guillemot sur *Safran*, Dominique Wavre sur *Temenos*, Brian Thompson sur *Bahrein Team Pindar* et Sam Davies sur *Roxy*. Je suis plutôt heureux, même si je ne m'en soucie guère. C'est en tout cas ce qui semble ressortir des courriels que j'écris à bord chaque nuit. Exercice délicat que de raconter son quotidien, de montrer un regard attentif et un œil averti sur la course qui se déroule sans vous en tête de la flotte, de ne pas en dire trop sur vos états d'âme ou les problèmes techniques que vous rencontrez.

Depuis les Canaries, je n'ai plus de radar ni de détecteur de radar. Je m'essaie à la prose humoristique, toujours pour donner le change.

> 22 novembre. *Foncia* ça fonce… pas toujours. Vendredi soir, départ en week-end, autoroute de l'ouest, eh on est breton, hen. Péage de Saint-Arnoult, vous connaissez, 17 heures, eh ça bloque, ce soir, rien qui passe tranquille, trafic pas fluide qu'ils disent dans ces cas-là, en plus y a la brigade, disent que j'ai fait des excès de vitesse pour venir jusque-là. Ben ouais, bagnole bariolée, numéro 101, y z'ont pas pris des photos, ça c'est sûr, y faisait nuit j'ai pas vu de flash. Y m'ont gardé là, on s'est

pris une rincée, terrib', non qu'on buvait des coups, mais y pleuvait, y pleuvait, on a même pu laver la caisse. 22 heures, ouverture des guichets, vous pouvez prendre un ticket, circulez, y a rien à voir ! Non, non, c'est juste que l'alizé, vient enfin de rentrer, et le pot d'échappement a craché son dernier grain noir.
Sacré Saint-Arnoult, tiens, maudzi farceur ! Au suivant ! Saint-Hélène ! Tiens jamais vu sur l'autoroute de l'ouest, c'est pas plutôt l'autoroute du sud ? Tant pis, je ne sais à quel saint me vouer, alors je vais me coucher, en pensant aux gars de la DDE du Morbihan, qu'ont ramassé ce qu'il faut ce week-end !
Mich
PS : toute analogie avec des faits ayant eu lieu n'est en rien due au hasard.
PS2 : j'étais parti pour faire plus long, mais ça secoue, et j'ai les yeux qui font code phare, une petite pause s'impose, toutes les 2 heures, y disent.

L'équateur m'attend. Autrefois, le passage de cette ligne invisible donnait lieu à des plaisanteries idiotes, des bizutages dingues, des jeux d'abrutis. C'est la tradition, mais c'est une tradition que je réprouve, car elle ne sert qu'à se moquer des plus jeunes, à les humilier. Par chance, tout seul, pas besoin d'en faire une fête. Juste un petit message à l'équipe – Neptune, ne m'en veux pas…

23 novembre. Sous les vents de Neptune.
3H43MIN20SEC le 23/11/2008, *FONCIA* coupe l'équateur géographique, je n'ai pas vu Neptune, il faisait nuit, il devait dormir, et moi aussi. Bon plein, vent variable, je ne savais pas que Neptune était asthmatique, en plus.
Mich
PS : un très bon polar, parfait pour s'endormir…

Je constate déjà des menus dégâts : une plaquette en téflon est tombée sur le pont. Elle vient du bloqueur de drisse de gennaker, logé dans la tête de mât. Impossible à réparer en mer. Cette drisse est désormais inutilisable. Et les capteurs d'angle du pilote automatique se sont décalés. Rien de grave, mais c'est l'accumulation de ces ennuis microscopiques, qui, en mer, provoque souvent les grandes catastrophes. Le trio de tête, Loïck Peyron, Sébastien Josse et Jean-Pierre Dick, est depuis plusieurs heures dans les alizés de l'anticyclone de Sainte-Hélène. Moi, j'y arrive enfin. Je navigue dans un flux de sud-est de 15 nœuds, à 10,7 nœuds de vitesse. Pas mal. Je suis en chasse dans la voiture des policiers, les bandits ont quelques carrefours d'avance, mais, dans les belles histoires, ce sont toujours les gentils qui gagnent.

Le bilan de cette première partie de course est plutôt bon. Je n'ai pas eu de coup de découragement, pas de baisse de régime, la motivation est intacte, le bateau est bien réglé, les dégâts sont minimes. Petite anecdote. À bord nous avons deux seaux, c'est obligatoire. J'en utilise un en guise de toilette et l'autre pour prendre de l'eau de mer et nettoyer l'intérieur. Parti depuis quelques jours, je cherche le deuxième, je fouille le bateau. Pas de deuxième seau. J'envoie un mail pas très aimable à terre, prêt à passer un savon à l'indélicat qui l'a débarqué, dans la précipitation du pit stop. À terre, ils cherchent, ils mènent l'enquête, rien. Quelques jours plus tard, en allant ranger une voile dans la soute, je distingue dans le faisceau de lumière de ma lampe frontale, à travers la fenêtre du ballast avant, une vague tache bleue. Le seau ! Il est bien à bord, mais il est « sous clé ». Derrière la trappe qui a été scellée à la colle pendant l'escale forcée. Il me faudra quelques dizaines de minutes pour décoller la porte et récupérer enfin l'objet…

Il fait chaud, mais le soleil est caché derrière la grisaille. C'est le moment de sortir les lunettes. Les yeux, j'y fais attention : dès qu'ils sont au contact du sel, je les rince. La bagarre contre l'eau de mer est permanente. Chaque jour, je me réjouis de l'installation de ma casquette, sorte de toit amovible qui prolonge le roof. Je peux ainsi me tenir à la barre ou exécuter l'essentiel des manœuvres et des réglages de voiles, tout en étant protégé des vagues. Un confort que peu ont accepté de s'offrir, en raison du poids de l'installation. Je ne regrette pas ce choix, je l'avais déjà souhaité en 2001.

La météo, aussi, me favorise. En sortant du Pot au Noir, je m'aperçois que les autres bateaux sont toujours groupés. Ils restent ensemble, respectant une sorte de pacte de non-agression, du moins provisoirement. Du coup, personne n'ose jouer la brebis égarée. Pourtant, j'ai le sentiment que leurs trajectoires ne sont pas optimales.

La nuit, j'essaie de voir les étoiles. Elles se cachent. En revanche, les poissons volants se déchaînent. Ils cognent contre la coque avec violence. Les plus gros font une quarantaine de centimètres, et se suicident en fonçant sur le pont de *Foncia*. Ils atterrissent détruits, sanguinolents. Le jour, ils voient le bateau et l'évitent. L'obscurité leur est fatale. Le matin, quand j'inspecte le pont, j'en trouve logés dans des endroits invraisemblables, coincés sous les cordages. Les oiseaux, parfois, m'accompagnent. C'est signe de terre.

La terre, justement, d'où m'arrivent des messages de soutien. Et pas un ou deux, non. Des dizaines. Dans les profondeurs du classement, je ne pensais pas bénéficier d'un tel traitement de faveur. Je ne suis pas un spécialiste des sports collectifs et des jeux de stades : pendant longtemps, je n'ai pas bien compris pourquoi une équipe était plus méritante quand elle gagnait un match à l'extérieur. Dans les longueurs de la descente de l'Atlantique Sud, poussé par je ne sais quelle force obscure ou inconsciente à régler constamment ma trottinette de façon optimale, j'ai découvert que l'ensemble des messages de soutien, parfois visionnaires de performances à venir et tous enthousiasmants, produisait sur moi cet effet bonificateur. Je ne l'oublierai jamais.

Jérémie Beyou, sur *Delta Dore*, abandonne. Il met le cap sur Recife. Ses barres de flèche sont cassées, le gréement dormant est endommagé, le tube du mât en carbone est partiellement délaminé. Il rentre au moteur, qu'il a descellé pour l'occasion. C'était un client sérieux. Cinq autres skippers ont déjà jeté l'éponge.

Long bord de près.

Je m'habitue à vivre penché. Pas très confortable.

> 24 novembre. Pour vivre heureux, vivons penchés.
> Ça, c'est sûr, si on aime pas quand ça penche, faut pas faire du monocoque, et si on préfère descendre les vagues, faut avoir la patience de remonter contre le vent. On est un peu con en voile, on n'a pas encore inventé les remontées mécaniques, alors on continue avec les peaux de phoque, remarquez, ça a son charme, la peau de phoque, on profite de la nature, comme ici.
> Cinq jours, peut-être huit, de près sur un seul bord. Si on se souvient de quelques Vendée antérieurs, où on disait : « Pour gagner le Vendée, faut aller vite dans le Sud, le près, ça sert pas à grand-chose… »
> Darwin avait raison, celui qui survit, c'est pas le plus costaud, c'est celui qui s'adapte. Dans le mille, Émile !
> Bonne nuit dans un lit à plat,
> Mich

25 novembre. Saut d'obstacle.
Dans ces conditions de mer et de gîte, se mouvoir à bord relève plus de la pratique de la varappe que de la simple navigation de plaisance. Si vous n'assurez pas une nouvelle prise avant d'en lâcher une autre, pendant vos déplacements intérieur et cockpit, il vaut mieux avoir son brevet de pilote, mais la piste ne sera pas forcément dégagée pour vous au moment de l'atterrissage *in case of emergency*.
Eh oui, si vous ne vous saisissez pas correctement en cas de besoin, vous risquez d'en mettre partout, je vous passe les détails… Et en plus, j'ai entendu dire aux infos qu'ils allaient continuer comme ça pdt plusieurs jours ! Ils sont fous, ces marins ! Vu comme ça, oui !
Bonne nuit,
Mich, confortablement calé dans son baquet.

Le 26 novembre, je fais une belle moyenne : 339 milles en 24 heures. Je suis remonté à la quatorzième place. Je note que Loïck Peyron peine à prendre le virage à gauche en bas de l'Atlantique. La mer cogne. Le vent est variable. Les points cardinaux commencent à valser dans l'hémisphère Sud, les repères changent. Quand je portais encore des culottes courtes, on nous disait que le soleil est au sud à midi. Ici, c'est l'opposé, il est derrière nous qui descendons plein sud. Il faut s'y habituer. Le bateau saute de vague en vague, j'ai du mal à me reposer. J'ai 290 milles de retard, et l'anticyclone de Sainte-

Hélène est anormalement décalé vers le sud-ouest, ce qui, à la vérité, me favorise. Il m'entoure, s'enroule, me pousse. La tête de la flotte avance à 8 ou 9 nœuds ; moi, je suis à 12 ou 13. Je suis dans l'état d'esprit du guerrier qui piste silencieusement ses adversaires. J'observe, mais je ne suis pas obligé de faire la même route. J'ai toute ma liberté. Je contourne le centre de l'anticyclone à bonne distance, dans un vent plus soutenu que ceux qui flirtent avec la bulle sans vent. La stratégie est payante. Je remonte au classement, ce qui n'empêche pas les moments difficiles.

> 26 novembre. Journée de m.
> Bon, les chronos c'est pas mal, mais quelle journée de merde. J'ai hésité toute la matinée à mettre plus grand devant, mais comme y avait des grains, j'ai pas fait. La mer est dans tous les sens et surtout pas celui que je voudrais, ça secoue vraiment ds tous les sens, et c'est pas facile de trouver à quelle vitesse on doit aller. Des fois, ça démarre bien 20-22 nds, des fois ça reste bloqué à 12-14. Devant aussi peu de coopération des éléments extérieurs, j'ai pris un ris dans la GV, et là, miracle, le vent est revenu à une direction plus sympa, alors, j'ai remis le pilote et suis allé écrire à ma voisine de nav [Sam Davies, sur *Roxy*] et écouter de la musique avec le casque. C'est pas quand tu le mets que c'est bien, c'est quand tu l'enlèves que c'est

```
terrible : là, le moteur tourne, et je ne
l'entends pas tellement le bateau fait du
bruit…
Bonne soirée,
Mich
```

Le 30 novembre, j'affale ma trinquette et je la remplace par une trinquette spécialement conçue pour les mers du Sud, fabriquée en Cuben Fiber, tissu indestructible qui autorise les déformations. C'est une sorte d'arme secrète, spécialement conçue pour les allures de portant. Je me souviens l'avoir portée jusqu'à 52 nœuds de vent, pendant que sa consœur dormait sagement dans la soute à voiles. Certes, j'ai embarqué 60 kilos en plus, mais, grâce à cette voile de rechange, je peux pousser la machine sans angoisse. Je reprendrai la première en revenant dans l'Atlantique, plus tard.

Une idée trotte dans ma tête en permanence : à partir de maintenant, il faut être encore plus prudent. Si les moyens de sauvetage dans l'Atlantique sont relativement proches, route maritime de commerce aidant, dès qu'on entre dans les mers du Sud, ils sont au diable Vauvert, et il n'est pas question que je m'abandonne à un diable que je ne connais pas !

Je me donne un peu de temps pour organiser le rangement de l'intérieur : dans quelques heures débute la descente sur le grand toboggan des mers du Sud, il faut reculer tous les poids pour ne pas trop enfourner, plonger le museau dans la vague de devant. Les deux traîneaux de nourriture prévus pour les derniers jours de course sont ligotés au plus près du tableau arrière, et je ramène dans la zone de vie les voiles qui sont encore dans la soute, en avant du mât. Tout est amarré pour prévenir une chute, en cas de figure libre due aux hautes vitesses qui vont être mon quotidien pendant un mois, jusqu'au cap Horn. J'en profite aussi pour faire sur le pont une dernière inspection minutieuse de tous les équipements. Je dors dans mon pouf à billes par petites tranches, je ne me sens pas fatigué. L'adrénaline de la course-poursuite me maintient en état de veille. En tout, je dors 4 heures par 24 heures, environ.

La tête de la flotte arrive dans les Quarantièmes Rugissants. À 15 nœuds de moyenne, Vincent Riou et Jean-Pierre Dick sont aux portes du grand Sud. Tout le monde tricote à grands coups d'empannage. La houle de 3 à 4 mètres n'est pas de tout repos. Jean Le Cam attaque. Moi aussi. Je suis le plus rapide, les quatre classements qui tombent sur l'ordinateur chaque jour le confirment. Le vent de nord-ouest, soutenu, lance des rafales de 30 nœuds.

Parmi les concurrents, la fatigue et le stress commencent à se faire sentir. Les neuf premiers se tiennent en 94 milles. Guillemot a des ennuis de pilote automatique, Peyron doit monter au mât pour récupérer sa drisse de spi de tête. Malbon a endommagé sa dérive tribord.

Je passe 20 heures à la barre, sans rien concéder. Une configuration exceptionnelle, plus proche du comportement d'un Figariste que celui d'un concurrent du Vendée Globe. Mais c'est un choix mûrement réfléchi. La situation météo me donne la chance de revenir au contact de la tête de flotte. Si je cravache, je peux accrocher le même système météo que les leaders. Et, à l'entrée du Sud, c'est capital. Si je les laisse partir avec le train de dépressions, je sais que j'aurais beaucoup de mal à revenir. Donc je cravache, grisé par la vitesse et par ma remontée. Le mental va être déterminant. À la vacation radio, je livre mon avis : « Tout va se faire à la niaque. »

Il fait de plus en plus froid.

Je rajoute une couche chaque soir, pendant quatre jours. Avec toutes ces épaisseurs, les mouvements sont plus difficiles. Chaque manœuvre nécessite de se dévêtir pour ne pas transpirer, sous peine de prendre froid après l'effort. C'est un truc que j'ai appris en montagne, lors de randonnées hors-piste avec Gilles et Jean-Lou, mes potes guides de haute montagne. Chaque action physiquement difficile est mûrement réfléchie, on devient fainéant ou économe. Les vitesses moyennes sont plus élevées, mais le rendement de la machine est plus faible : le froid et l'humidité omniprésents ne permettent plus de tirer la quintessence de si gros bateaux, en solitaire. Ce qui ne m'empêche pas d'avancer, de cavaler.

Le 2 décembre, mon spi lourd se déchire à l'envoi et passe par-dessus bord. Je suis contraint à l'arrêt pour le récupérer. Seuls Jean-Paul, Marc et Régine sont au courant. Je renvoie le gennaker en attendant de trouver un moment pour réparer. Le 3 décembre, je dépasse trois bateaux, et j'entre dans le top ten. Ce jour-là, Pascal Sidoine, journaliste à *L'Équipe*, me demande quelque chose que je n'aime pas : me mettre en scène pour fêter mon entrée dans les dix premiers. C'est prétentieux et cela peut vite changer. Pourtant, je joue le jeu, parce que c'est bien de cela qu'il s'agit. J'écris sur un morceau de tissu « Top 10 », et pose devant l'appareil photo, tenant le message à la manière d'un éventail. Comme si mon retour aux avant-postes créait trop d'émotion. Je ne fais pas de commentaires dans mon mot de la nuit.

De: FONCIA2
Env: 03/12/2008
À: directioncourse
Objet: By night

La nuit porte conseil, a dit un terrien, un jour. La nuit est faite pour dormir, a dit le marin... que je suis. Alors, j'ai appliqué le dicton breton, et je ne comprends pas pourquoi, en pareille circonstance, quelqu'un ne vient pas surveiller à notre place. En plus, faut faire gaffe, au plus qu'on descend Sud vers l'été austral, au moins que les nuits vont être longues. Ça veut-y dire qu'on dormira alors moins ? Bah, non, t'y fais comme tu veux, ya personne qui contrôle, j'te dis. Difficile d'écrire ce matin, le clavier gigote tout seul sous nos

doigts gourds, il commence à faire froid, un peu, et la dactylo fait la gueule parce que y a plus de kfé à a machine.
Bonne journée, n'oubliez pas la sieste,
Mich Desj, kabiendormi.

En vérité, je suis plus que content. Je suis désormais à 193 milles de Sébastien Josse. Depuis le 15 novembre, j'ai croqué quinze places. Pas question de se relâcher. Le lendemain, pourtant, je déchante. Plus du tout content. Mes humeurs fluctuent, au gré de la marche du bateau.

De: FONCIA2
Env: 04/12/2008
À: directioncourse
Objet: « Tu vois ce que c'est, pire ? Et ben, encore pire ! » Coluche

P. de nuit de m.
J'aime pas me faire baiser comme ça, bon dieu de bon dieu !
Je m'explique. Hier belle journée sous le soleil, mer calme, les vagues dans le cul bien comme il faut, le pas trop fort mais soutenu, disons 15-20 nœuds. La prévi, c'est : le vent va rentrer progressivement au fur et à mesure que la dépression qui arrive derrière nous rattrape, donc ça sert à rien de faire les fiers-à-bras, quand le vent va rentrer, on range son linge. Hier soir donc, sous spi, le vent rentre, plus de 20 nds, je surveille, plus de 24, je regarde de près, prêt à ramasser les mètres carrés

de lingerie fine, gonflés à bloc.
Première rafale à 27 nds, il fait déjà nuit, le bateau part dans un beau surf à 23-24 nds, ok, ça, c'est fait ! Avec un tiers de lune, on voit bien ce qui se passe, les nuages qui vont bien. Deuxième rafale 29 nds ; bon, là, on se prépare, on est prêt. Dernières manœuvres, parées ; pendant ce temps, rafale à 31 nds (d'habitude je me donne comme limite « raisonnable » 25 nds pour ramasser le spi, la nuit). Bon ben là, tous les voyants sont au vert, faut y aller, je largue l'écoute de spi, je descends la chaussette, 28 mètres de cordage à reprendre, le tout avec toujours 30 nds dans le spi qui, bien que choqué en grand, claque et tire ce qu'il veut, ce con. Chaussette en bas, on affale, rentre en soute, rangement, met le solent, le vent est toujours à 30 nds. Je me dis nickel, pas de remords, bien vu pas de risque. Je lance le bateau comme ça… et m'en vais me coucher, peinard, pensant que le vent va au moins rester comme ça. Une petite gamelle de pâtes chinoises et au lit. Je me réveille un peu plus tard, une heure environ, je regarde le compteur devant moi. Stupeur, ya plus que 20 nds, on se traîne lamentablement. Et merde !
Je viens de finir de remettre le gennaker, j'ai pas souvenir d'avoir déjà fait aussi vite ! Le jour se lève, vous allez voir, dans pas une heure y va y avoir à nouveau 30 nds… C'est ce qu'on appelle une nuit de merde, vous n'êtes pas d'accord ? Moi, je dis : trop de prudence tue la confiance…

> Pour les dactylos qui ont pu trouver que je tapais vraiment trop mal, je les rassure, c'est avec les doigts de ma main gauche, mais je suis droitier, et la Remington n'aime pas trop l'eau salée, des fois, ya des touches qui coincent !
> Mich, *Foncia*, à 18 milles de la porte 1.

Ce même 3 décembre, la direction de la course nous informe que l'une des portes – sorte de marque de parcours virtuelle et point de passage obligé – a été déplacée, suite aux informations de positionnements de glaces dérivantes, analysés par satellite. La porte des Kerguelen est remontée vers le nord, de 130 milles, et vers l'ouest, de 600 milles. Sébastien Josse et Yann Eliès franchissent les premiers cette nouvelle porte. Nous savons tous qu'une dépression venue d'Amérique du Sud menace la flotte, avec des rafales de 50-55 nœuds et des vagues de 4 à 5 mètres. Les derniers, en queue de course, pointent à 1 500 milles derrière.

Le 4 décembre, j'explose le record de vitesse : 30,44 nœuds ! Le Basque Unia Bazurko, qui nous avait fait une impolitesse au départ, a cassé sa boîte de safran. Sous voilure réduite, il quitte la course. Le vent s'est considérablement renforcé. Vincent Riou baisse la cadence, Armel Le Cléac'h aussi. J'en profite pour faire quelques images avec les caméras du bord. Je filme la mer, le bateau, j'explique mes manœuvres, et je commence à recoudre le spi lourd. Dix-huit mètres de couture ! Le match se précise, Josse et Eliès ne se quittent plus, les vagues tapent très fort, faisant craindre une casse toujours possible, Loïck Peyron reprend les commandes de la course. Le cap de Bonne-Espérance n'est plus très loin.

D'autres ennuis viennent m'agacer : la porte en bas du puits de dérive tribord casse, l'ogive de quille tribord a été arrachée. Rien de structurel, juste du cosmétique, mais ce sont des freins supplémentaires. À la jumelle, j'aperçois un concurrent. Il porte un ris dans la grand-voile et le grand gennaker, moi, j'ai toute la grand-voile et le spi lourd, près de 100 mètres carrés de plus. Il doit trouver que je vais trop vite, moi, je pense qu'il ne pousse pas beaucoup. On ne pourra pas savoir qui a raison avant deux mois.

Les conditions sont très changeantes mais prévisibles, à l'inverse du Pot au Noir. Les dépressions qui se succèdent autour de l'Antarctique nous obligent à caler notre route sur leur trajectoire. À nous de rester toujours dans leur nord, sous peine de nous retrouver dans des vents contraires, violents, avec une mer démontée. Entre deux dépressions, la transition se fait par une période de calme qui ne dure pas, mais oblige à beaucoup manœuvrer pour suivre les variations du vent. On se sent parfois petit devant ces mètres carrés de toile à déployer. Et, en solitaire, on fait tout mal, il faut juste essayer de le faire moins mal que ses concurrents. Soudain, j'aperçois le dos d'une baleine. Elle est à 30 mètres, je ne peux rien faire, je n'avance qu'à 3 nœuds. Je me prépare au choc, inévitable. Elle va m'arracher les deux safrans, et enfoncer l'arrière de la coque, quand… elle sonde ! Bonne idée. Je me retourne, elle n'est plus là.

Jean-Pierre Dick a pris le contrôle de la course. Déjà revenu à 100 milles derrière, je ne le lâche pas. 9 décembre, message de la nuit à mon équipe, et à personne d'autre :

> La fête est finie.
> Bon, sale temps, bout-dehors hors service, la sous-barbe avait glissé, la strat est cassée au droit de l'étai, en redescendant plus bas que la largeur max du tube. Il est sauvé, mais je peux rien mettre dessus. Je verrai en pays chaud pour lui faire des strats latérales.
> En attendant, petit spi sur l'étrave… ça devrait pas se voir tout de suite.
> Tout en *off, of course*, pour le moment.

Le bout-dehors est la longue pièce de carbone qui se trouve à l'avant du bateau, comme une sorte d'éperon, la sous-barbe, le câble textile qui le maintient vers le bas est retenue à l'avant par un axe transversal, qui est sorti de son logement. Cette avarie m'empêche de porter mes plus grandes voiles d'avant. Peu pénalisante tant que le vent est fort, elle risque d'être terriblement handicapante dans les petits airs. Sans grand gennaker, je ne pourrai pas lutter dans les vents faibles. Et, dans ces conditions, mes concurrents auront vite fait de s'apercevoir que je suis diminué et moins dangereux. La réparation s'annonce difficile. Il faut effectuer une « strat », une stratification, c'est-à-dire utiliser des tissus de carbone et les coller avec de la résine. Ladite résine, qui est liquide, est constituée de deux composants. Il faut les mélanger avec un dosage précis qui ne durcit qu'à partir d'une certaine température et qui n'apprécie pas vraiment l'eau. Le tout est à réaliser sur la plage avant qui est balayée par les vagues… C'est hors de question pour le moment. Plus tard. Je peux donner le change un certain temps, en fait, tant qu'on est dans le sud. Dans ces conditions, les petites voiles sur enrouleurs sont suffisantes pour tenir la cadence. *Carpe diem*.

L'information est strictement réservée à quelques membres de l'équipe. Moins il y a de personnes au courant, moins il y a de chances qu'elle arrive jusqu'à mes concurrents. Port-la-Forêt est un microcosme, et je sais qu'à midi, à La Hune, le bistrot du port, mon équipe voisine avec celle de Jean ou de Vincent, entre autres. Et tous ont les oreilles qui traînent à l'heure du café ou de la bière.

Il fait gris. Le froid humide s'insinue partout. On a beau mettre des polaires, des épaisseurs, rien n'y fait. Les mains se refroidissent, le nez bleuit, le vent souffle fort et l'avant du bateau est dans le collimateur d'une énorme lance à incendie. Il ne fait pas bon se promener sur la plage avant.

Une mauvaise nouvelle vient changer le classement : Loïck Peyron a démâté. Son bateau, *Gitana Eighty*, était sous un ris dans la grand-voile, solent à l'avant. Soudain, son mât s'est écroulé, cassé en plusieurs morceaux. À l'intérieur au moment de la catastrophe, Loïck n'a pas été touché. Et sa coque est intacte. Nous sommes le 10 décembre. Dans quelques heures, je vais prendre la deuxième place au classement.

J'ai avalé 409,8 milles en 24 heures.

J'envoie un message en direct à Loïck, un autre à l'organisation.

De: FONCIA2
Env: 10/12/2008
À: directioncourse
Objet: Espar chu

Toutes mes condoléances à M. Peyron pour cet espoir dé-chu. C'est une faucheuse histoire que voilà. Et si un concurrent de moins devait être considéré comme une bonne nouvelle, on peut aussi le voir comme une mauvaise. La course de Loïck depuis le départ était un cas d'école, il aura eu la maîtrise et la mainmise sur toute la descente de l'Atlantique. C'est bien dommage de ne plus l'avoir dorénavant sur l'échiquier commun. Chapeau bas, et mât de même, snif !
Mich Desj

11 décembre, j'aperçois mes premiers icebergs : ils sont magnifiques. Je préviens la direction de course pour qu'ils signalent leur position aux autres concurrents.

De: FONCIA2
Env: 11/12/2008 13:44
À: directioncourse
Objet: Glaçon à vue

Glaçon à vue.
Glace par 51°09.04S et 61°02.07 E à 10h05TU, 42 milles. Longueur hors eau environ 30-40 mètres hauteur hors eau environ 5 mètres. Glace très bleue, très beau. Passé à 1/2 mille environ. Visibilité ici 2,5 milles. Mer très croisée, photos à suivre si y en a des bien.
Mich

Sans radar, pas d'autre système de détection que la vue et, de l'intérieur, je ne vois pas devant, je ne fais pas le malin. J'ai pris quelques photos. Elles ne rendent pas la beauté de ce que j'ai vu.

Le lendemain, je me livre à quelques commentaires :

De: FONCIA2
Env: 12/12/2008
À: directioncourse
Objet: Ice cube

C'est la troisième fois que je viens traîner mes cirés par ici, et c'est la première fois que je vois des glaçons. Oh, ce n'est pas incompatible, loin s'en faut. En 2001, au Salon nautique, donc quelques mois après le Vendée Globe, je suis abordé, dans les allées, par un jeune homme, qui me dit, tout excité : « Oh, je voudrais aller faire comme vous, faire le tour de l'Antarctique le plus vite possible et voir les glaces ! » « Aha, je lui réponds. Non, tu vas aller faire l'un puis l'autre, ou l'un ou l'autre, mais pas les 2 en même temps, ça va mal se finir, ton truc ! » Il m'a regardé avec de grands yeux interrogatifs : « Mais pourquoi ? C'est ce que vous avez fait ? » « Ah, non ! Le tour, vite, on essaye, mais les glaces ne font pas partie de la visite touristique. » Ça peut être un bonus. C'est ce qui m'est arrivé hier. Je suis en train de faire le tour de l'Antarctique vite, et j'ai vu des glaces, que dis-je aperçu, de loin, mais suffisamment pour qu'il n'y ait pas d'ambiguïté. De modestes glaçons, pas d'icebergs en vue. Le premier faisait bien 2 fois la longueur de *Foncia*, soit une quarantaine de mètres, en tout cas, ce que j'ai vu de la partie émergée. Ce bleu est tout simplement sublime, n'est pas sans rappeler les couleurs dans les séracs et autres glaciers.

C'était très beau mais ça m'a suffi pour hier. Les photographes ne m'en voudront pas, les photos sont ratées, mais témoignent. Je barrais d'une main, au cas où un truc traverse la route, et essayais de capturer quelque chose, j'ai pris le ciel, ou l'eau, beaucoup, mais rarement les 2 en même temps. C'est vrai, j'aurais pu m'approcher. Mais j'ai un sanglier ki m'attend sur le feu, à la maison !

À demain.

Mich

14 décembre. Une matinée anormalement calme et inespérée me permet d'effectuer la réparation du bout-dehors. J'avais anticipé en découpant mes tissus de carbone et en sortant mon matériel de stratification. Bien m'en a pris. J'envoie un message à l'équipe :

> Yes !
> Strat bout-dehors finie, juste avant la vac, ya pluka attendre ke cha chèche.
> Bon dimanche.
> Mich

16 décembre 2008, trente-septième jour de course. C'est une journée étrange. J'ai rattrapé mes 40 heures de retard et je suis revenu à la hauteur de Mike Golding qui, bizarrement, me semble ne pas aller très vite. J'écoute de la musique, des sketches de Nicolas Canteloup, des airs de Mozart et des chansons d'Elvis. Pour le reste, je laisse les vagues me donner le tempo. J'avance à haut régime.

Mike Golding, ce jour-là, démâte, m'apprend le journaliste à la vacation radio. Dans la même phrase, il m'apprend que je suis en tête. Difficile de digérer les deux informations en même temps. Je reste sans voix. Plutôt content de la seconde tout de même. Mais il est délicat de manifester sa joie. Toute l'énergie qui m'anime depuis le départ a abouti. Le scénario était inconcevable il y a deux semaines à peine. À 20 h 25, je passe la longitude du cap Leeuwin, au sud-ouest de l'Australie.

Fin de l'Indien. Je brosse un rapide bilan avant d'attaquer la suite :

De: FONCIA2
Env: 17/12/2008
À: directioncourse
Objet: Un Indien dans les voiles

On va la faire courte, mais bonne.
L'Indien n'avait pas déterré la hache de guerre ; pourtant, beaucoup y ont laissé des plumes ! Je n'ai pas vu plus que 42 nds pendant ces 15 jours passés avec lui, il nous a aussi trouvé des glaçons, à l'heure de l'apéro, et les 3 prunes servies à la table du maître des lieux n'étaient pas avariées, j'avais souvenir de plus coriaces contrées.
2 mâts, une quille, autres safrans, dérives, et autres bobos inavouables, que sais-je encore (et je ne m'exclus pas des concernés).
Donc la question du jour est : Le Paciflique (lire « Pas si flic ») sera-t-il juge de paix ? De sagesse et de sérénité.
Lalalala.
Mich Desj

Pour moi, l'Indien a été comme on les imagine dans les jeux d'enfants. Plutôt sympathique. Et qui m'a laissé passer.

Pendant longtemps, dans le milieu, je n'ai été que le petit frère de Hubert. Avec Jean Le Cam, ils formaient une paire infernale. Ils avaient à peu près le même âge et passaient leur vie ensemble, sur l'eau ; ils n'en abusaient que lorsqu'elle était bien salée et si possible démontée. Rien ne les amusait aussi fort que le gros temps, au désespoir de Henri et de Louis, leurs pères respectifs, qui passaient des heures d'angoisse à scruter l'horizon pour constater qu'il était vide. Ils persistèrent dans leur témérité et la signèrent en baptisant le dériveur des Le Cam, avec lequel ils firent leurs 400 coups, *L'Inconscient* !

Ces inséparables duettistes, célèbres dans tout Port-la-Forêt, nous fascinaient parce que rien ne semblait pouvoir les arrêter, aucune difficulté, aucune convention, aucun danger. Ils étaient pour nous des sortes de héros, on voulait leur ressembler. Tout leur était permis, car ils se moquaient de ce qui leur était interdit. Et puis, ils faisaient tout ce qu'on n'osait pas faire, à commencer par la fréquentation assidue des boîtes de nuit et des filles. Ensemble, ils partaient faire des courses au large, ce qui redoublait notre admiration. Pour nous, ce monde était encore très loin. Jean avait à peine 18 ans lorsqu'il courut son premier Figaro. Ce jour-là, avec cet exploit, il entra directement dans notre Panthéon.

Toute mon adolescence, je l'ai passée à regarder les « grands » partir et à les écouter, à leur retour,

Le plaisir de la glisse : 18 mètres de long, 9,5 tonnes tout équipé, 28 mètres de mât, 420 mètres carrés de spi, 170 mètres carrés de grand-voile.

Du rêve à la réalité. Toutes les pièces du puzzl sont d'abord conçues, dessinées, calculées et assemblées sur odinateur. Les vraies pièces sont ensuite fabriquées séparé ment – la coque, le pont, les cloisons, puis les équi pements – et réunies pou faire un vrai bateau qui va sur l'eau.

La construction représente plus de 30 000 heures de travail et, souvent, le chantier ressemble à une ruche, où chacun doit avancer sans gêner le voisin. Le travail d'équipe est une réalité quotidienne, pendant neuf mois. Un travail essentiellement manuel, avec un matériau noble, omniprésent, la fibre de carbone, qui constitue le tiers du poids du bateau.

La quille est la pièce maîtresse du bateau, l'objet de toutes les attentions. Usinée en commande numérique dans un bloc d'acier, elle est ensuite assemblée à un bulbe en plomb de 3 tonnes. C'est le résultat d'un difficile compromis entre solidité, rigidité, légèreté et finesse. Ce concentré d'ingénierie est visible, comme ci-dessous, lors du test de stabilité à 90 degrés.

Faire de la voile et profiter de toute la puissance...
Si la machine est parfois difficile à manœuvrer seul, ce sont de grands moments de bonheur quand les voiles sont établies et réglées.

Je suis parti avec onze voiles, dont sept stockées en sac, dans la soute.
À chaque virement de bord, il faut tout passer d'un côté à l'autre, pour faire contrepoids.
Préparer les voiles sur le pont et les hisser est tout aussi fatiguant.

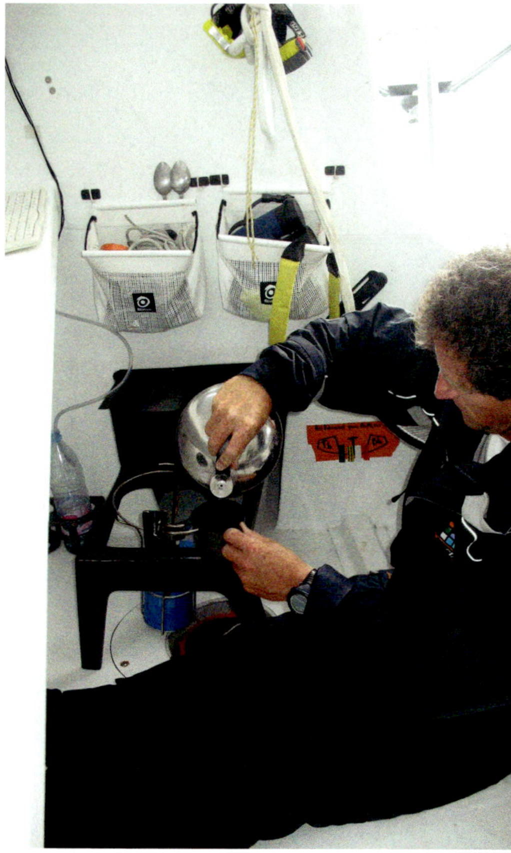

Quatre-vingt-dix jours de mer sans toucher terre, cela se prépare. Rations journalières, équipements de sécurité obligatoires, outils, pièces de rechange et autres kits de réparation : tout est contingenté, inventorié, pesé et réparti dans des sacs avant d'être embarqué. Et quand on croit avoir pensé à tout, on a parfois oublié l'essentiel...

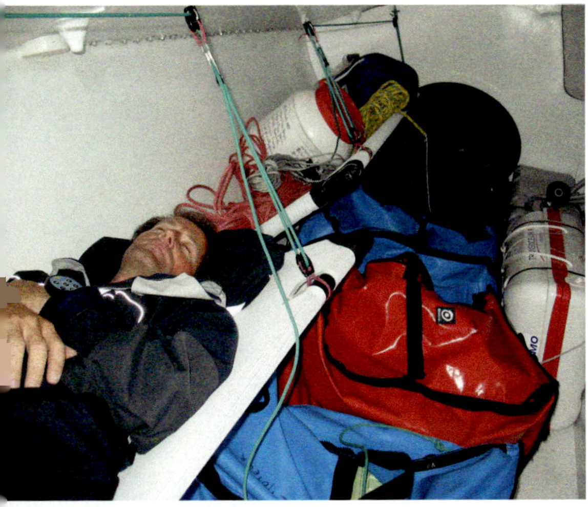

Dans la coursive, les sacs de matériel, les deux couchettes, le radeau de sauvetage intérieur et le réservoir de gasoil. Au fond, une cloison étanche et sa trappe ovale.

Ci-dessous, la cloison avant de la cabine sur laquelle sont fixés tous les appareils électroniques, moyens de communication par satellite, radar, tableau et câbles électriques, et les afficheurs qui permettent, d'un coup d'œil, de suivre la marche du bateau. Sur l'afficheur de gauche, le vent réel (force, angle et direction). Sur l'afficheur de droite, le cap et la vitesse du bateau.

Les cartes marines en papier sont obsolètes : tout se fait sur ordinateur. Un casque comme je porte ici permet de s'affranchir du bruit ambiant du bateau, souvent au-dessus de 80 décibels, pour écouter de la musique ou converser avec... la terre.

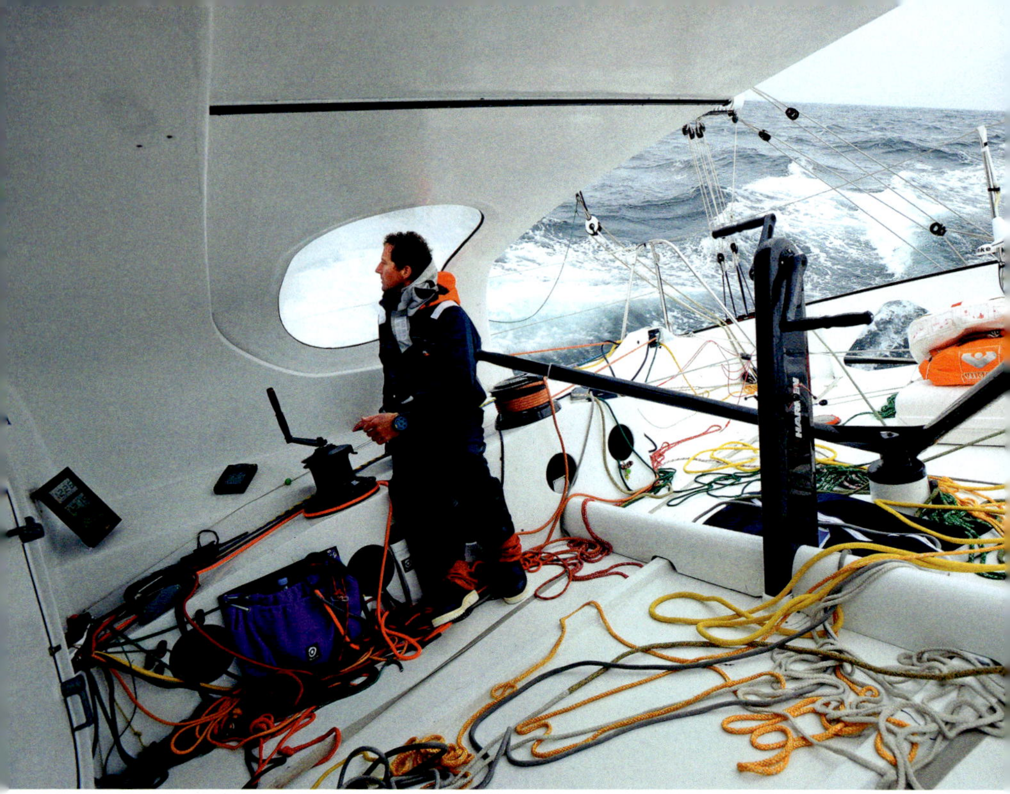

Le cockpit, où sont accessibles la plupart des manœuvres courantes, est recouvert d'une capote amovible, l'« abri de jardin », qui me protège des paquets de mer, tandis que je surveille la bonne marche du bateau. Le confort peut être compatible avec l'efficacité du marin et, donc, la performance...

raconter leurs périples. Un jour, mon frère m'annonça qu'il pouvait m'embarquer sur une course de nuit en équipage, au départ de Concarneau. J'eus l'impression d'exploser de joie. À quelques heures du départ, j'arrivai, tout fier. Mon frangin m'annonça alors que ce n'était plus possible, qu'il n'y avait plus de place. Plus de place pour moi. Les planches du ponton se dérobèrent. Et le choc me réveilla. Je pris conscience ce jour-là, et de manière définitive, que cette fameuse place qu'on venait de me refuser, je ne devais compter que sur moi pour la prendre.

Dans notre fratrie, les quatre garçons fonctionnent un peu par paires, tant physiquement que psychologiquement. Étant du même modèle que Hubert, j'avançais un peu dans son ombre, ce qui me valut le surnom de P'tit Desj' ou encore de Breakfast, et quoi de plus infamant pour un marin français que d'avoir un surnom à consonance anglaise. Et puis, au fur et à mesure qu'on me voyait évoluer sur les plans d'eau et dans les équipages, cette affectueuse condescendance fit place à une certaine perplexité : « Tiens, P'tit Desj a encore bien marché dans la dernière régate ! » Moi, ce qui me préoccupait avant tout, c'était de faire avancer le bateau sur lequel je me trouvais. Je passais mon temps à naviguer sur la moindre flaque d'eau, sur tous les bateaux possibles. J'étais volontaire et disponible, je n'avais donc pas de difficulté à trouver des embarquements. C'est ainsi que, peu à peu, j'ai récupéré un prénom, le mien, celui que j'ai toujours porté dans sa version brève, « Mich Desj ».

Naviguant avec des gens d'âges et de milieux divers, sur des bateaux chaque fois différents, j'engrangeais autant d'expériences que de milles parcourus. Et puis je n'avais, en tant qu'équipier, aucune responsabilité : ma liberté était totale. Je pouvais occuper à peu près tous les postes. Si on me demandait de grimper au mât, je ne me le faisais pas dire deux fois, je n'avais ni susceptibilité ni prétention. J'attendais que tout le monde choisisse, et je prenais ce qui restait, ou ce qu'on voulait bien m'attribuer, même si c'était une tâche dédaignée. Un équipage de bateau est une microsociété avec son aristocratie – le régleur, le barreur et le tacticien, sa bourgeoisie – le pianiste et son prolétariat – le petit personnel du bord, préposé à la colonne, aux winches, à la cambuse.

Contrairement à l'image habituelle, plus on recule dans un bateau, plus on s'élève dans la hiérarchie. Tout en bas de l'échelle sociale, il y a l'équipier qui officie sur la plage avant du bateau, celui que l'on surnomme le « singe », l'homme à tout faire – chez les Anglais, la notation se fait par l'avant, le singe est le « numéro 1 », ou *bow-man*, la figure de proue, appellation plus valorisante. Pendant longtemps, j'ai considéré que c'était le plus beau poste : il faut être infatigable, vif, attentif à tout et très agile pour arrimer une voile sur le bout-dehors ou décoincer une drisse en haut du mât, quelle que soit la gîte. Le « singe » se retrouve à gérer des surfaces de voile très importantes sur les gros bateaux et un écheveau inextricable d'écoutes. Il est à proprement parler la cheville ouvrière. S'il ne s'acquitte pas convenablement de sa tâche, tout se désarticule. Quand on est premier devant, assis au rappel sur le bordé du bateau, il faut aussi, il faut surtout accepter de se faire rincer copieusement. Personne n'y prête attention, si tout se passe bien, mais si la manœuvre échoue, pour le reste de l'équipage, c'est sa faute. Inutile de dire qu'en cas de gros temps, c'est une gageure. Bien rares sont donc ceux qui se portent volontaires. J'ai commencé comme « singe », et « singe » je suis resté, dans l'âme. Je suis l'homme à tout faire de mon bateau. Je peux occuper tous les postes à bord.

1983, je deviens majeur et vacciné. Au grand dam de mes parents, je suis plus déterminé que jamais à rester le navigateur que je commence à être. À cette époque, les régates d'hiver à Concarneau offrent une formidable opportunité de s'embarquer. De mars à juin et de septembre à novembre, nous passons un week-end sur deux à naviguer sur des bateaux de 7 à 11 mètres. On se retrouve le samedi soir à la Société nautique de Concarneau devant un vin chaud et on refait interminablement la régate. L'ambiance est très chaleureuse. Je me sens peu à peu appartenir à un monde nouveau et je m'y trouve à ma place. J'y croise le jeune Roland Jourdain, que l'on n'appelle pas encore Bilou.

C'est aussi le moment où j'ai commencé à naviguer sur de gros multicoques. À l'époque, toutes sortes d'engins voyaient le jour. Praos, catamarans, trimarans, l'imagination des architectes était sans bornes. Le premier sur lequel j'ai eu la chance d'embarquer était un prao de 20 mètres. Un prao est un trimaran auquel on aurait coupé un côté, ou un catamaran qu'on aurait créé asymétrique avec un petit flotteur et un gros, la coque principale. On distingue deux sortes de praos, la version dite atlantique où le multicoque s'appuie sur son petit flotteur, à la façon d'un trimaran, et le pacifique, où le voilier, appuyé sur sa coque principale, utilise le flotteur comme contrepoids. Ces deux versions ne sont pas capables de virer de bord et sont donc amphidromes : quand les skippers décident de changer de bord, ils stoppent vent de travers, inversent les voiles et l'appareil à gouverner, et repartent en sens inverse. Toute la voile à réapprendre ! Ces engins avaient un fort potentiel de performance, mais ne supportaient pas la moindre erreur de manipulation. On l'a vu avec *Rosières*, château de cartes plié sur l'eau, au départ de la Route du Rhum en 1982. Ce fut d'ailleurs le point d'arrêt de cette imagination débordante en course au large.

Le deuxième « multipatte » qui me fit découvrir les hautes vitesses à la voile était *Jet Service II*, un catamaran de 18 mètres, skippé par Patrick Morvan et qui comptait dans son équipage… Jean Le Cam. Si les petits catamarans de sport naviguent facilement en équilibre sur une coque, *Jet* fut l'un des premiers « grands » multicoques à en faire autant. Situation très impressionnante, presque magique en début de sortie, et qui devient, au bout de quelques heures, assez « normale ». À la fin de cette sortie en mer, nous sommes rentrés sous voile à Port-la-Forêt, jusqu'au ponton en tirant des bords dans le chenal. Même avec *Foncia*, pourtant monocoque avec une certaine inertie, je n'oserais aujourd'hui tenter ce genre de manœuvre !

Ces escapades sur plusieurs coques étaient merveilleuses mais rares. Le plancher des vaches, je veux dire les bateaux normaux, restait pour nous un terrain de jeux plus accessible et suffisant pour se faire la main.

Un jour, j'appris que Roland allait s'engager dans la Mini-Transat, une course que je rêvais de faire un jour. Je lui proposai spontanément mes services, qu'il accepta avec enthousiasme. Nos routes terrestres et maritimes n'ont cessé de se croiser depuis.

Cette épreuve, née en 1979 de la volonté d'un sujet de Sa Majesté britannique, Bob Salmon, de faire courir des petits bateaux limités à 6,50 mètres, était une réaction à la débauche de moyens et au gigantisme des navires qui venaient s'engager dans la Transat anglaise en solitaire. Cette folie du plus grand, du plus cher, de la performance à n'importe quel prix commençait à passer la mesure. Beaucoup se souviennent de la Transat d'anthologie qui vit, en 1976, parmi les 120 participants (du jamais vu), un certain Alain Colas se ranger sur la ligne de départ, seul à la barre de *Club Méditerranée*, un 4 mâts de… 72 mètres. Ce géant des mers opposait aux vents plus de 1 000 mètres carrés de voilure ! Qu'un homme seul puisse le maîtriser relevait de la folie. Tout le monde s'attendait à ce qu'il franchisse la ligne à Newport avec une écrasante longueur d'avance. À la stupeur générale, ce fut le lourd ketch *Pen Duick VI*, avec ses 22 mètres de coque en aluminium et ses 32 tonnes, habituellement mené par 16 hommes d'équipage, qui sortit en premier de la brume. Il remportait, douze ans après son premier triomphe[1], une deuxième victoire dans cette épreuve prestigieuse. Le mythe était définitivement entré dans la légende de la mer.

Contrepoint pour jeunes passionnés sans le sou, la Mini-Transat permettait de se lancer dans l'aventure. Je n'avais pas la témérité de Bilou et n'étais pas encore tout à fait prêt à voler de mes propres ailes. Je profitai donc du courant ascendant qui le portait pour m'engouffrer dans son sillage et goûter un peu de l'ivresse qu'il allait connaître.

Aujourd'hui, j'entre dans le Pacifique.

En tête.

---

1. Le 19 juin 1964, Éric Tabarly, alors illustre inconnu, quitte Plymouth à bord de *Pen Duick II*. Vingt-sept jours et 3 heures plus tard, il coupe le premier la ligne d'arrivée à Newport, devançant de peu son rival Sir Francis Chichester, pilote de chasse, comme lui, avant d'être un marin de légende, comme lui encore. Cette victoire française emportée de main de maître a mis un terme à des décennies de suprématie anglaise sur la course au large et fait de celle-ci une spécialité française.

# 6

En tête !

Je n'en reviens pas !

Je m'étais secrètement fixé comme objectif de revenir sur les cinq premiers vers le cap Horn. Je suis revenu dans le match bien avant. Les tâches quotidiennes m'empêchent d'exulter. Je ne suis pas trop fatigué, mais je reste très attentif. Dehors, ça tape.

Je suis maintenant devant Roland Jourdain. C'est une compagnie que j'apprécie. Il n'est pas loin, mais il est derrière. Et c'est l'un des rares encore debout qui ne critiquent pas ma cadence infernale. Golding n'est pas en détresse, il n'est plus dans la course. Il a dégagé son gréement, et l'a abandonné en coupant les bouts qui retenaient encore le mât. Je suis partagé, heureux d'être passé en tête, et mécontent à chaque concurrent en moins. En

35 jours, le terrain de jeux s'est beaucoup simplifié. Et ça continue.

Bernard Stamm s'est échoué aux Kerguelen en tentant de mouiller pour réparer. Le *Marion Dufresne*, bâtiment des terres australes et antarctiques françaises, est intervenu pour le sauvetage. Le bateau, récupéré, a une grosse voie d'eau. Le mauvais temps continue de faire des dégâts. Quant à Jean-Baptiste Dejanty, à la dix-neuvième place, il progresse à vitesse réduite ; sa balise de positionnement est défaillante, son génois déchiré, sa drisse de grand-voile inopérante.

Avec mes poursuivants, je plonge vers le sud-est, dans un vent d'ouest de 25 nœuds, en direction de la deuxième porte de sécurité australienne. Le peloton, désormais, s'étire sur 3 200 milles.

Les conditions sont difficiles.

Je constate que l'axe principal du boîtier du safran bâbord est partiellement cassé et ne tient plus que sur un côté. Si je ne répare pas, je vais être sévèrement handicapé. Je le remets en place, mais sans le sécuriser vraiment. Pour couronner le tout, une partie du rail de hale-bas de bôme a été arrachée, et la proximité du pôle Sud magnétique affole les appareils. La centrale inertielle en perd le nord, le cap est erroné, le pilote automatique en oublie son latin et le bateau zigzague de plus en plus. Je passe sur compas gyro-stabilisé, c'est mieux. Le ciel est menaçant, le froid polaire, les paquets de mer envahissent sans arrêt le pont et se déversent dans le cockpit. Il faut ranger les bouts qui traînent, les écoutes qui n'ont qu'une idée, partir à l'eau comme des traînards – ces cordages que nos ancêtres laissaient filer derrière, pour freiner les glissades et stabiliser la route de leur voilier. Aujourd'hui, plus de traînard, le salut est dans la vitesse ; il faut aller plus vite que les vagues pour ne pas les subir, pour être maître de sa trajectoire. Ici, il est interdit de lever le pied sous peine de se faire rouler par les vagues. Les bateaux le permettent, il faut l'accepter. Chacun veut rester aux limites.

Roland Jourdain reste dans mon sillage. Vincent Riou, qui s'est fait une entorse, a du mal à tenir le rythme. Les centres dépressionnaires se succèdent. La mer est grosse, désordonnée. Les vagues s'abattent avec violence, l'eau est froide. Samantha Davies a eu des sueurs froides. La veille, alors qu'elle déplaçait un spinnaker sous son cockpit, elle a été projetée contre le support d'une colonne de winch et a perdu connaissance. Quand elle s'est réveillée, le diagnostic médical était rassurant. Elle donne de ses nouvelles : « Tout va bien. Le winch n'a pas été blessé. » C'est la seule avec qui je converse régulièrement par mail. Nous avons commencé dès le début et poursuivi jusqu'à son arrivée.

Je regarde autour de moi, c'est une succession de murs liquides. Pas d'horizon, mais un assaut constant de vagues en furie. La stratégie devient essentielle. Aujourd'hui, grâce à la qualité des prévisions météorologiques que nous utilisons, on peut vraiment choisir dans quelles conditions naviguer. Ce n'est pas quand le vent est le plus fort que l'on peut aller le plus vite, l'optimum se situant autour de 40 nœuds de vent. Par vent trop fort, la mer est trop forte, le bateau ne peut cavaler efficacement. Il faut se frayer un chemin là-dedans. Je m'arme de patience et je me bats contre chaque déferlement. Je refuse de ralentir. Sur une mer aussi déchaînée, je persiste à penser qu'il faut garder de la vitesse pour ne pas subir. C'est un exercice à risque. Pas question de se planter. Je fais de l'équilibrisme.

Le 18 décembre, nous entrons dans les Cinquantièmes. À terre, mon fils aîné fête ses 16 ans, le double de ce qu'il avait lors de mon Vendée Globe précédent. De même pour la taille : il fait désormais plus de 1,85 mètre et peut me regarder de haut. Je mesure le temps passé…

Une nouvelle inquiétante tombe : Yann Eliès qui manœuvrait à l'avant de son bateau, a été balayé par une vague. Il s'est fracturé le fémur et, on l'apprendra plus tard, le bassin. En appui sur le balcon avant, il a senti qu'il était propulsé par une embardée. Il a eu de la chance de ne pas être éjecté. Il s'est retrouvé pendu par son harnais sous le bout-dehors, face aux vagues ! Ainsi accroché, il s'est remonté à bord. Le côté gauche inopérant, il a réussi à ramper jusqu'au cockpit, à prévenir son équipe, puis s'est s'allongé dans sa bannette. Les souffrances sont terribles.

Immédiatement, Marc Guillemot et Samantha Davies se déroutent. L'organisation, en liaison avec l'équipe de *Generali*, met en place les secours. Le Maritime Rescue Coordination Center de Canberra, en Australie, a dépêché une frégate de guerre médicalisée, le *HMAS Arunta.* Elle est à 800 milles, soit à deux jours de mer. Marc Guillemot est à 100 milles. En attendant les secours, Yann souffre énormément. Son équipe est en contact régulier, par téléphone. Il est capital qu'il garde le moral. Les heures passent. L'inquiétude grandit. Dans mon bateau, je suis tenu informé par les messages de la direction de course. À 23 heures, Marc Guillemot arrive en vue de *Generali*. Il sait à quel point sa présence est importante, ne serait-ce que pour rassurer le blessé. Lui-même a vécu un terrible accident en 1985, lors du chavirage du catamaran *Jet Services IV*.

Le lendemain à midi, enfin, la frégate australienne arrive sur zone, 60 heures après l'accident. Une embarcation est mise à l'eau, les sauveteurs rejoignent *Generali* et investissent les lieux. Le skipper est amarré sur un brancard et transbordé. À bord de la frégate, le médecin constatera que Yann Eliès est sérieusement atteint. Qu'il ait réussi à manœuvrer et à se traîner jusqu'à son cockpit tient du miracle.

Le soulagement est général. Samantha Davies et Marc Guillemot reprennent leur route. Un crédit d'heures sera calculé et leur sera attribué en dédommagement du temps passé à secourir Yann. C'est une procédure classique, et normale.

Tandis que Yann Eliès est accueilli à l'hôpital de Perth en Australie, je mesure la distance qui me sépare de Bilou : 77 milles. Ce n'est pas beaucoup, ce n'est jamais assez. Derrière, les distances se creusent. Sébastien Josse est à 183 milles, Jean Le Cam à 221 et Armel Le Cléac'h à 537. Je bats un nouveau record : 32,37 nœuds. Tout content, j'envoie la photo de mon afficheur de vitesse à mon équipe. À chaque empannage, il faut matosser. Épuisant.

De: FONCIA2
Env: 21/12/2008
À: directioncourse
Objet: On n'est pas venu pour traîner ici

La première définition qui me vient à l'esprit, au moment de l'empannage, c'est « matossage » : déplacement du matos, boulot de merde qu'on laisse faire par les équipiers quand on a la chance d'être barreur attitré, boulot de merde qu'on est obligé de faire très mal soi-même quand ils sont au bistrot et qu'on est seul en mer. Opération qui consiste à déplacer d'un côté à l'autre l'ensemble des poids morts, pour faire contrepoids. Si on calcule bien, on arrive à déplacer tout avant de changer d'amure, ce qui permet de faire descendre sous le vent plutôt que tracter au vent. Environ 600 kilos de trucs dont on aimerait se passer d'avoir à bord à ce moment-là, voiles, bouffe, équipements de sécurité et autres pièces de rechange.
Synonyme : punition.

Bientôt, c'est Noël.

La question du rythme de course revient régulièrement dans les questions des journalistes. Je sais aussi que pendant les vacations, certains concurrents disent qu'ils trouvent que je vais trop vite ; d'autres sous-entendent que je vais payer le rythme que je m'impose, que le matériel a de la mémoire. Encore aujourd'hui, je me pose la question. C'est sans doute ce qui m'a valu d'être considéré comme prétentieux et arrogant mais je n'ai pas eu l'impression de pousser la machine outre mesure. Ce n'est pas de la forfanterie. Ces bateaux sont conçus et construits suivant les mêmes critères que s'ils étaient menés en équipage, avec un rendement bien supérieur à celui que peut tenir un homme seul.

24 décembre, je franchis l'antiméridien, du côté de la Nouvelle-Zélande. Le Pacifique hache la mer. Une dépression, petite mais nerveuse, très nerveuse, s'avance vers la prochaine porte. Le routage prévoit que nous arriverons ensemble, la dépression et moi, sur cette marque de parcours. J'ai deux choix, lever le pied suffisamment pour esquiver la tempête ou maintenir la cadence et serrer les dents en souhaitant que tout tienne. Pas vraiment disposé à laisser mes poursuivants reprendre du terrain, je lève le pied un peu et je serre les dents beaucoup. Les vents violents vont certainement secouer le traîneau du Père Noël. C'est la fête.

Et quelle fête ! Je constate une fuite d'huile sur le panneau hydraulique qui permet de régler deux des étais avant. L'huile a coulé dans la coursive tribord, heureusement vide de tout matériel. Pire, mon hydrogénérateur, posé sur l'arrière du bateau au ras de l'eau, s'est arraché et, en ballottant comme une balle sur une raquette de Jokari, a provoqué des trous dans la coque. Heureusement, les trous ne sont pas graves, ils sont sur la jupe arrière, et ne remettent pas en cause l'étanchéité du bateau. L'hydrogénérateur, en revanche, va me manquer. Retenu par le fils électrique pendant sa danse, celui-ci s'est arraché, laissant très certainement l'eau de mer envahir ses circuits électriques. Je ne pourrai pas le remettre en état de marche. Je le stocke dans un coin, avec les poubelles, les pièces de rechange, les déchets. Mon énergie électrique, désormais, ne viendra plus que du fuel embarqué.

Je récure avec du dégraissant pour vaisselle l'huile qui me colle aux semelles. Le mélange des deux liquides devient une soupe immonde. Je glisse, je tombe, je patine, je tangue. C'est franchement agaçant. Je tente de nettoyer, tout en naviguant. Sous mes pieds, l'huile s'étale. Quelle patinoire ! Je dois me retenir aux poignées qui sont disposées dans la cabine.

Et voilà que mon safran bâbord, dégondé, manque de me quitter. Il était en position relevée, hors de l'eau, mais une vague a dû l'attraper, cassant le cordage qui le retient en l'air. La lame de couteau traîne maintenant dans l'eau et l'axe qui se promenait il y a quelques jours a pris la poudre d'escampette. Tout le système est en train de s'arracher, le carbone des fixations craque. Je vois bien que tant que le bateau avancera, je serai impuissant face au désastre qui se joue sous mes yeux. Cherchant à le ralentir, *Foncia* se met face au vent et part en marche arrière : tout le bazar s'en va sous le bateau. Je manœuvre avec l'énergie du désespoir. Si je ne sauve pas la situation, la course est finie pour moi. Dans l'action, je n'ai pas le temps d'avoir peur.

Je suis certainement en train de perdre du terrain. Ce n'est pas en marche arrière qu'on avance. Dans le froid et sous les paquets de mer, je ligote le safran en place, tant bien que mal. Mais il n'est plus totalement opérationnel. Telle qu'est faite ma réparation de fortune, s'il tapait un objet flottant, c'est désormais tout le système qui s'arracherait. Il faudra donc que j'y revienne. Dégoûté, je n'ouvre pas mes cadeaux de Noël. Un bateau sans safran, c'est comme une voiture sans direction : point de salut.

Je suis un miraculé. Dans la bagarre, je me suis coupé légèrement un doigt, mais c'est un moindre mal. Je suis vraiment passé à côté d'une catastrophe. Je remonte contre le vent dans une mer chaotique pour franchir la porte sud de la Nouvelle-Zélande. Décidément, comme pour mon problème de démarreur le 1er janvier 2001, je n'aime pas les jours de fête passés en mer. Me reviennent des images de ce premier Vendée Globe. À l'entrée dans l'océan Indien, nous avions rencontré nos premiers vents vraiment très forts, et je m'étais filmé. Je me revois raconter devant la caméra que j'ai essuyé des rafales à 63 nœuds avec des chocs m'empêchant de tenir debout dans le bateau. Puis je raconte que le vent s'est calmé et que j'ai bien ralenti. Je jette un œil sur l'anémomètre et, avec un grand sourire j'annonce : « Ah non, en fait, il y a encore 57 nœuds… » À force d'être dans des vents soutenus, notre perception de la vitesse et du vent est altérée. On a l'impression d'être dans un trou d'air dès que l'intensité du bruit provoqué par le vent, les vagues et la vitesse diminue.

Mais c'était il y a huit ans.

Au dernier classement avant la vacation radio, je constate que je suis à 6 nœuds de moyenne en 4 heures. Miracle de Noël sans doute, les journalistes présents à la vacation ne relèvent pas cette anomalie et ne me posent aucune question sur ma faible vitesse, sans doute pressés d'aller réveillonner. Mon équipe, par contre, s'inquiète, Régine la première. J'appelle à la maison et me force à ne rien laisser transparaître. J'explique que j'ai eu quelques soucis, mais qu'ils sont résolus, que les conditions ne sont pas faciles. Elle ne me croit pas. Je me laisse aller à lui décrire, mais en partie seulement, ma nuit de Noël. Dans mes messages, je donne le change…

```
De: FONCIA2
Env: 25/12/2008 03:31
À: teamfoncia
Cc: directioncourse
Objet: Le père Noël est une…
```

```
Je sais pas, pour la mère Noël, mais le
père, c'est vraiment une ordure. Comment je
fais, moi, pour ouvrir mes cadeaux, 25° de
gîte et la mobylette qui fait des sauts, de
kangourou, c'était pas prévu comme ça, b…l
de m… Bah, on va y arriver, mais c'est pas
cool. En fait, j'aurais dû rester de
l'autre côté de l'anti - ? - méridien,
j'aurais pu commencer pendant que c'était
encore praticable, tiens, ou tricher et les
ouvrir avant.
Bon, je vous laisse, je vais prendre un
ris…
Mich
```

Dans les messages que j'adresse à Jean-Paul, j'exprime mon désappointement de façon plus imagée…

À l'aube de la nouvelle année, j'aurai réussi à récupérer toute la fonctionnalité du système. Avec un morceau de 20 millimètres de diamètre taillé dans un manche de pompe en carbone et des bouts de tube de chandelier en aluminium, je confectionne un axe pour permettre au boîtier de safran, du moins je l'espère, d'esquiver, en cas de choc avec un objet flottant. Pourvu qu'il tienne !

Le bateau sent le liquide vaisselle. Partout, une odeur écœurante, tenace, chimique. À la force du poignet, je réussis à tout laver. Ouf. Où est la bonne senteur du vent du large ? Je viens de finir quand c'est l'hydrogénérateur, entreposé dans le cockpit qui achève de fuir. C'est un système à bain d'huile. Tout est à recommencer. J'éponge, j'éponge, j'éponge. Puis je m'écroule dans mon fauteuil, épuisé.

Ce 25 décembre 2008, décidément, aura été une journée déplorable.

La seule bonne nouvelle, c'est que Bilou est resté à distance respectable.

Bilou et moi, c'est une longue histoire.

Nous n'avions pas un sou en poche, mais cela ne nous arrêtait pas. Nous n'avions pas l'ambition de fabriquer une machine de guerre, simplement un bateau maniable et résistant. Ce n'était pas gagné d'avance. Bilou avait trouvé un rafiot au fond d'une vasière : avec sa coque en bois de 6,40 mètres, ce Muscadet rentrait dans la cote imposée par l'organisation de la Mini-Transat. Un de ses amis, qui en était l'heureux propriétaire, lui en concéda la jouissance, le temps de la traversée, à condition qu'il le remette à flot. Quelques jours plus tard, nous envahissions le chantier de mes parents.

La bande du Cap Coz arriva bientôt en renfort. Denis Juhel fut le premier à nous rejoindre. Son enthousiasme communicatif valait tout l'or du monde et remplaçait les chèques de banque. Puis s'agrégèrent Jean-Luc Nélias, vieux pote de Bilou, Vianney Ancelin et la bande des filles, parmi lesquelles se trouvait Régine Bornens, ma future compagne et la mère de nos trois enfants.

L'ambiance était celle d'une bande de copains. Nous apportions chacun nos qualités qui étaient encore bien modestes. J'étais le taiseux du groupe, et mon goût pour la technique et le bricolage faisait de moi l'« ingénieur concepteur ». Bilou avait constamment autour de lui une kyrielle de copains prêts à mettre la main à la pâte, et le hangar, où régnait d'ordinaire une atmosphère paisiblement laborieuse, prit vite des allures de cuisine de grand restaurant à l'heure du coup de feu.

La plupart des énergumènes de cette joyeuse bande étaient des membres de l'illustre compagnie des moniteurs du Cap Coz, la grand-plage située en fond de baie, dans la commune de Fouesnant. C'était de l'autre côté du chenal de Port-la-Forêt. Cette école de voile, fondée en 1968 par Laurent Le Noac'h, un enseignant quimpérois, avait déjà vu passer une génération de marins de saison ou de passion, dont un certain Philippe Poupon. La troisième mi-temps se pratiquait volontiers dans cette confrérie où Bilou m'a introduit et sur laquelle il régnait en maître de cérémonie.

Nous n'avions de commun que notre passion pour la voile. Il n'y avait pas plus diamétralement opposés de tempérament que nous deux. Lui était un séducteur impénitent, alors que les femmes me faisaient rougir jusqu'aux oreilles. C'était un rat des villes, il habitait Quimper ; moi un rat des plages ou des ateliers. Dans la corbeille de la mariée, j'apportais mon savoir technique et mon sens de la bricole ; lui venait avec son immense envie, sa bonne bouille et son caractère enjoué qui avait raison de toutes les résistances.

Pour la plupart d'entre nous, nous vivions aux crochets de papa et maman, et puisions allègrement, en cas de disette, dans le réfrigérateur familial, quand ce n'était pas dans celui des amis. Nous étions, selon l'expression de Zaza, alias Isabelle Autissier, des « bouffeurs d'écoute », et tout était bon pour apaiser notre faim. L'argent n'était un souci que lorsqu'il s'agissait d'en réunir assez pour mettre un bateau à l'eau. Cela reste vrai. La seule différence, c'est qu'aujourd'hui, on est plus gourmand, il en faut beaucoup plus.

Dans cette éternelle quête de fonds qui occupe une grande partie de l'existence d'un navigateur, le charme de Bilou faisait recette. À l'agence de Quimper où il se rendit pour sonder le fonds de son compte de Caisse d'Épargne, il parvint à sensibiliser à sa cause la guichetière qui, touchée dans sa fibre maternelle et sans doute aussi féminine, l'introduisit derechef auprès du responsable de communication. C'est ainsi que ce bon vieux *Capricorne* – le nom de notre embarcation – fut bientôt repeint et toilé de neuf à l'effigie, familière des jeunes impécunieux et des ménages économes, du petit rongeur à la queue en panache.

Roland, à ce moment-là, était encore au lycée. Son père ne voulait pas qu'il embrasse la « carrière » de marin professionnel qui, à ses yeux, n'en était pas une. Il y eut donc conflit. Mais rien n'ébranla la détermination du fils. Le jour du baptême du bateau, je me souviens avoir vu le père Jourdain arriver sur la cale à Bénodet et franchir la barrière qui imposait une distance respectueuse entre le public et la cérémonie. D'un signe de la main, j'en avisai Bilou. Je vis alors le soleil se lever sur son visage. Par ce geste hautement symbolique, le père venait de sceller la réconciliation et de décharger son fils d'un énorme poids.

Cette scène me frappa. Ce dont j'avais rêvé, Bilou l'avait fait. Il avait, avec ses propres moyens, obtenu son billet d'entrée dans le monde professionnel et conquis son droit au départ. Il s'était affranchi de la toute-puissante autorité paternelle. Cela eut sur moi un grand impact : la détermination renverse toute barrière. Pour ma part, je sortais enfin de mon cocon et commençais à vivre une adolescence qui avait un peu tardé à venir.

Nous avons déployé tant d'efforts et d'ingéniosité que Bilou et *Capricorne*, rebaptisé *Caisse d'Épargne*, partirent un beau matin de Port-la-Forêt rejoindre l'Angleterre. Nous sommes allés les attendre à Penzance, au sud de l'île, d'où partait la course. Bilou était à quai. Dès qu'il me vit, il sauta sur le ponton, m'embrassa avec effusion et me tendit une enveloppe. Elle devait contenir tout au plus 500 francs, ce qui constituait une véritable fortune à l'époque pour moi, et pour lui. Je fus passablement déconcerté par son geste, car je ne comptais en aucune façon sur une quelconque rétribution, même symbolique. Nous nous étions tous engagés dans cette histoire dans le seul dessein de la mener à bon port. Je suis resté interdit pendant un moment, sans savoir que faire de l'enveloppe que je tenais dans ma main. Je devais avoir à peu près l'air d'une poule qui a trouvé un couteau. Et puis je finis par la mettre dans ma poche où elle ne resta pas longtemps. Pour la première fois, je prenais conscience que ce qui n'était encore pour moi qu'un jeu pourrait un jour devenir un enjeu, et ma passion, un métier.

Jusque-là, je ne m'étais pas soucié d'occuper ma place, encore moins de la prendre. J'étais content de participer et la course de Bilou était un peu la mienne. Je me contentais de la vivre par procuration. En me donnant ce billet, Bilou m'a guéri de mon inconséquence. Pour lui, c'était un simple remerciement pour services rendus, et je suis sûr qu'il le fit en toute amitié. Il ne se doutait pas de ce qu'il représentait à mes yeux et de l'électrochoc qu'il allait produire dans mon esprit.

Lors de sa première participation à la Mini-Transat, Roland Jourdain fit naufrage au large du Portugal. Dans une dépression dont le golfe de Gascogne a le secret, il heurta un objet flottant non identifié qui provoqua une voie d'eau. Pompant sans relâche pour éviter de couler, au bord de l'épuisement total, il fut récupéré au bout d'une trentaine d'heures par un cargo qui le ramena sur le territoire espagnol. Sur place, ses déboires n'étaient pas finis. Son bateau portait le même nom que celui de contrebandiers recherchés par Interpol. Le temps que le quiproquo soit débrouillé par le consul de France, il passa 24 heures dans les prisons ibériques. Pour un coup d'essai, c'était un sacré coup du sort ! Mais il ne se laissa pas démonter. L'année suivante, il s'engageait dans l'épreuve reine : la Solitaire du Figaro.

Je lui proposai une nouvelle fois d'être son préparateur. Je n'avais pas prévu qu'au même moment, Jean Le Cam m'offrirait une opportunité formidable. Il me recommanda comme équipier à Éric Tabarly qui allait accompagner la course à bord de *Pen Duick VI*.

La porte du grand large s'ouvrait devant moi.

J'étais sur un nuage.

Je le suis resté.

Noël 2008, j'ouvre mes cadeaux avec retard : une bouteille de vin, un maillot de rugby signé de toute l'équipe du Métro Racing 92, quelques livres, le CD des chansons de la « Carole Chorale », celle qu'on a formée avec une bande d'amis, sans prétention, juste pour chanter entre nous. Les filles y ont ajouté les paroles, pour que je m'entraîne. Il y a aussi un petit arbre de Noël qui se gonfle avec de l'eau, une jolie coquille d'ormeau qu'un des Broken Arms a trouvée sur la plage, des messages de gens que j'aime… Le tout fait chaud au cœur. Dans ma cabine, les cloisons sont tapissées de photos : les Broken Arms, Régine, les enfants, des potes. Autour de la porte de descente, chacun s'est dessiné avec un marqueur, ajoutant un petit message personnel. Une jolie ribambelle. Partout, il y a des dessins d'enfants, des petits messages, des poèmes. Vanessa, ma belle-sœur, a pris en photo son ventre arrondi par sept mois de grossesse sur lequel elle a peint une jolie carte de la terre. Elle a écrit tout autour : « Bon vent… Vanessa et ton futur neveu. »

Malgré les conditions, je souris.

# 7

Il y a des pointes de vent à 50 nœuds ! Les vagues, mugissantes, montent à 6 ou 7 mètres.

Le bateau tient bon.

Sébastien Josse, lui, s'est fait rouler par une vague en pleine nuit, les dégâts sont importants. La neige, la grêle, la pluie battent les visages et balaient les ponts. *BT*, le bateau de Josse, a perdu ses instruments de navigation fixés en tête de mât, anémomètre et girouette. Le gouvernail est faussé. Le rouf est fissuré à plusieurs endroits. Il y a quatre ans, dans ces parages peu fréquentables, il avait déjà heurté un petit iceberg, et son étrave en avait souffert. La mer est fracassante aujourd'hui, ce lendemain de fête est glaçant.

Dans mes messages, je fais le malin, pour conjurer le sort :

De: FONCIA2
Env: 27/12/2008 03:46
À: teamfoncia
Cc: directioncourse
Objet: Le monde est fou…

C'est dingue comment on est tartiné de subjectivité et de relativité.
Cet après-midi, jolie brise sur le plan d'eau, on fait les choses bien, grand soleil, malgré quelques nuages de grains, mer forte très forte. Je dirais les plus grosses 9-10 mètres, oui, 3 étages, c'est ça. Le reste, 6 mètres moyen : celles-là, on ne les regarde même pas.
Vent : un peu, disons 40 nœuds établis, souvent 45-48, des grains jusqu'à 53… nœuds, eh ben oui, pas des kilomètres/heure, hein. Les traînées blanches sur la mer, parallèles au vent ; les crêtes de vagues turquoises quand ça déferle ; journée ordinaire. Difficile cependant de trouver le bon rythme et la bonne toile, pour progresser là-dedans. Un certain Éric Tabarly aurait dit : « Bah, tu jettes une botte de paille en haut, elle arrive en bas toute seule. » Ben oui, c'est du portant après tout, de la descente : donc, ya ka laisser faire tranquille, on arrivera bien quelque part vers l'Est. Ah oui, je disais relativité…
Une journée à regarder la mer, tu sais dire si le grain qui arrive, ya 55 ou 51 nds, si tu roules la trinquette ou juste si tu sers les fesses un peu pendant le front de grain, 10 minutes à peine. Donc, je me fais

un sieston après déjeuner, y avait 42-45 permanent, les traînées, tout bien, quoi. Je me réveille, peut-être 40 minutes après, je me lève, regarde la mer : oh la ! ça a bien molli, dis ! J'dirais 25-30 nds, presque la pétole d'ici. Je regarde les cadrans. Oups, oui, ça a molli, mais t'es pas de Marseille, peuchère, ya encore 35-40. Ah ouais, qu'elle dit la machine, je trouvais ky avait moins. On s'habitue alors… Pacifique, c'est la paix, refuser la guerre ?!
Le Romain disait : *Si vis pacem para bellum* ; le marin vous propose : « Si tu vas au Pacifique, prépare le bas ris. »
Mich, from the Pas Si Fic (que ça).

L'écume déferle, des murs d'eau se succèdent, le vent hurle, la température est pénible. Il n'y a pas moyen de se reposer une minute. À peine ferme-t-on les yeux un instant que le bateau réclame des soins, un léger changement de cap ou un peu moins de toile. Tout le monde lève le pied. Parfois, une succession de vagues de 10 mètres ou plus vient me faire valser.

C'est le maximum, je n'ai jamais encore vu une rage pareille. Je suis dans l'action, je n'ai pas peur, j'écoute le bateau. Ma vigilance est totale, intense. Je ne m'imagine pas en perdition. Les vagues sont poussées par le vent, qui parcourt ici des distances énormes. La mer prend son élan. Et cogne. J'évalue constamment l'angle et la configuration des voiles. Avec ma petite télécommande au poignet, qui regroupe certaines fonctions de contrôle du pilote automatique, j'ajuste au plus fin. Le pilote automatique gère le cap, assez correctement. Alors, plutôt que de passer du temps à la barre, j'optimise le travail de ce robot en modifiant très souvent la consigne de cap, degré par degré. C'est à ce prix qu'on peut cravacher autant.

Les dépressions se succèdent. Une nouvelle perturbation venue de Nouvelle-Zélande nous attend. Le secret, c'est de ne jamais, jamais, subir. Le bateau doit être actif, tout le temps. La survie est à ce prix. Si on lève le pied pour ménager la monture, on prend des risques, me semble-t-il. Il faut rester dynamique. Par moments, on a l'envie de se poser. Mais, dans ces mers-ci, pas question. On est concassé tout le temps. J'ai beau dire au bateau : « Arrête de bouger ! J'en ai marre ! », il ne m'écoute pas.

J'en arrive à regretter le Pot au Noir…

Je me souviens de Gerry Roufs. Alors qu'il était en deuxième position dans le Vendée Globe, ce navigateur canadien avait chaviré le 7 janvier 1997. Immédiatement, d'importants moyens de recherche avaient été mis en place. La tempête, hélas, avait rapidement dissipé tout espoir. Pas de signal de détresse, pas de balise Argos, rien. Le bateau a, semble-t-il, été retrouvé plus tard au large du Chili. L'homme, lui, a disparu. Sans doute a-t-il été balayé par une vague. La mer est cruelle.

D'autres naufrages ont marqué les consciences et la mémoire. En 1978, Alain Colas a littéralement été effacé de la surface du globe. On n'a jamais rien retrouvé de son bateau. Robert James, en 1983, est passé à travers le trampoline de son trimaran. Loïc Caradec a disparu pendant la Route du Rhum, en 1986. Daniel Gilard, Olivier Moussy, Paul Vatine, Mike Plant, Nigel Burges. Éric Tabarly. Les tragédies se succèdent, la fièvre de la course demeure. Chaque jour, des gens meurent sur les routes, on n'interdit pas aux voitures de rouler, on essaie d'améliorer la sécurité des occupants. Sur mer, la démarche est la même.

Toutes ces catastrophes n'effleurent pas mes pensées. Je suis dans l'action. Je suis dans le Vendée Globe. En fait, je me suis plus détendu en solitaire. Être responsable d'autres hommes est un poids énorme. Le premier devoir, c'est de revenir avec ses équipiers. Donc, de les préserver.

Le 27 décembre, je parcours 337 milles, 50 milles de plus que mes trois plus proches poursuivants. Sébastien Josse jette l'éponge. Et se dirige vers la Nouvelle-Zélande. La déception est grande. « C'est pas pour cette fois », dira-t-il. Jean-Pierre Dick essaie de réparer son safran en mauvaise posture, Marc Guillemot tente de reprendre un rythme soutenu, mais le moral n'y est pas. Le cockpit de *Veolia* a été submergé par une grosse vague et la cabine envahie par 300 litres d'eau. Bilou pompe.

Le cap Horn est à 3 000 milles devant moi.

J'aimerais bien aller plus vite, quitter rapidement ce Pacifique, qui n'a de pacifique que le nom. En multicoque, je pourrais envisager de marcher beaucoup plus vite. Plus dangereusement aussi. En France, ces bâteaux sont apparus il y a plus de quarante ans, et ils ont fait leur entrée triomphale lors de la Route du Rhum de 1978. Depuis cette course, gagnée par Mick Birch sur un petit trimaran de 12 mètres, 98 secondes devant le long monocoque de Malinovsky, les combattants sont séparés en deux classements : mono et multi. La symbolique est forte, les araignées des mers sont bien plus véloces, mais chavirent de façon irréversible. Lors de cette même Route du Rhum, en 2002, seulement trois multicoques de 18 mètres rejoindront la ligne d'arrivée en Guadeloupe, sur les dix-huit au départ. Je pense que, cette année-là, nous n'avons pas eu le courage – je faisais partie des trois – de dire haut et fort que la course avait été terrible, les conditions apocalyptiques, plus de 70 nœuds de vent pour certains, et que ces voiliers, aussi casse-gueule soient-ils, étaient ni plus ni moins que les plus belles machines à vent. C'est vraiment dommage.

Cette catégorie de bateau a périclité, alors même que, pied de nez à l'histoire, la prochaine Coupe de l'America, le summum de la compétition en voile, pourrait se dérouler prochainement sur… multicoque. S'il y a quelques mois encore, les monocoques du Vendée Globe avaient le vent en poupe avec trente bateaux au départ en novembre 2008, j'ai l'intime conviction qu'il ne faut pas opposer les uns aux autres : la multimania reviendra à la mode. Et j'espère bien être de la partie. Pour aujourd'hui, je me contente d'un monocoque, embarcation parfaitement adaptée à une course en solitaire autour du monde sans escale et sans assistance.

5 janvier 2009, en pleine nuit, je passe le cap Horn.

Je distingue vaguement la fameuse île du même nom et les deux petits phares qui scintillent attestant d'une présence civilisée. J'envoie un message à l'organisation :

De: FONCIA2
Env: 05 janvier 2009
À: directioncourse
Cc: teamfoncia
Objet: Foncia An Atlantique Horn, sweet Horn

Ay est, comme on dit chez les Broken Arms, « ça, c'est fait ». *Foncia* vient de rentrer en Atlantique, il était 3 h 10 TU quand je suis passé dans le sud du cap, temps à grains avec 35-40 nds grains à 45, il faisait nuit comme un lundi, donc vous n'aurez ni photo ni vidéo de ce cailloux perdu tout en bas. Les 2 feux fonctionnent, celui du cap et celui de la pointe est. La mer est enfin plate, le vent est enfin raisonnable, 23 nds, du petit temps, direz-vous ! En route pour de nouvelles aventures vers le haut.
Mich

Au nord, les canaux serpentent sournoisement à travers l'archipel. C'est la troisième fois que je passe par là. Je me méfie. Les bourrasques sont traîtresses, les hauts-fonds aussi. Le spectacle est magnifique, mais seuls quelques albatros en profitent avec moi. Je suis ma route, je vais bien. Dans quelques heures, je serai sorti des mers du Sud.

J'ai doublé le cap Horn, terreur des marins d'autrefois, cimetière de flottes entières, avec 120 milles d'avance sur Bilou. J'ai mis 56 jours, 15 heures et 8 minutes pour atteindre le fameux caillou, soit 2 heures de moins que Jean Le Cam en 2005 ! Avec les 40 heures de retard du départ, plus les 1 000 milles de route en plus, dus aux portes dans les mers du Sud, je n'ai pas traîné en route. Je suis heureux.

À l'abri des reliefs de la cordillère des Andes, quelques milles après le cap, l'endroit est abrité, le vent est aux abonnés absents. Plus de vent, plus de vagues. Le contraste est saisissant. Je bricole, je range, je souffle. *Foncia* ne me secoue plus. J'ai l'impression d'avoir les bras qui tombent le long du corps, de me ramollir. Il fait encore froid, mais j'en profite pour arpenter le pont et tout visiter, au calme, sans avoir besoin de m'agripper. Je remets le grand spi qui sent le renfermé, il n'avait pas pris l'air depuis un mois. Le vent est si faible que j'aimerais faire pencher le bateau pour « appuyer » les voiles, comme on dit, les inciter à prendre une forme propice à la poussée vélique. La quille, mobile, me permet de faire gîter le bateau. C'est d'ailleurs le seul élément du bateau, avec le pilote automatique, qui est motorisé. Tout le reste doit se faire à la force des bras.

8 janvier, je profite d'un vent nord-ouest pour filer bon train. Au sud de la Tasmanie, Johnny Malbon et Rich Wilson viennent de connaître des heures très dures : tempête de neige et de grêle.

Jean Le Cam, le roi Jean, en ce début d'année 2009, a été victime d'un coup du sort. Il y a deux jours, il a téléphoné à son équipe technique, signalant de grosses difficultés. Au beau milieu de la conversation, la communication a été coupée. La balise de détresse a été activée une heure plus tard, situant le bateau par 56° 17' sud et 73° 46' ouest, soit à 200 milles à l'ouest du cap Horn. Vent : 25 nœuds avec rafales. Pas le bon coin pour crever un pneu. C'est clair : il a chaviré.

Un avion chilien de repérage a été immédiatement dépêché sur zone, et deux skippers, Vincent Riou et Armel Le Cléac'h, se sont déroutés. La question de la survie du skipper, coincé dans sa coque, dans une eau à 5 °C, se pose avec acuité. Une deuxième balise de détresse, activée sur le bateau *VM Matériaux*, rassure tout le monde deux heures plus tard : Jean Le Cam est vivant et apte à bouger. Un pétrolier, le *Snalgol*, a confirmé ce que tout le monde redoutait, le bateau est retourné. Mal équipé pour le sauvetage, il reste à proximité comme témoin.

Nos bateaux sont obligatoirement équipés de cinq cloisons transversales étanches qui compartimentent la coque. Des trappes permettent de passer d'un compartiment à l'autre et de s'isoler. Suite à l'envahissement de sa cabine, Jean a vécu dans sa coque retournée, réfugié dans la soute à voiles, attendant les secours, mais il commençait à manquer d'air frais. Le soir même, les choses étaient réglées, si j'ose dire. Vincent Riou récupérait Jean Le Cam. Bonne nouvelle !

La mauvaise nouvelle, c'est que le bateau de Riou, *PRB*, a été gravement endommagé dans l'opération. L'un des outriggers, ces tubes qui débordent du pont pour écarter les haubans, a été cassé contre le reste de quille de *VM Matériaux*. C'est dire si Vincent est passé près. Quelques jours plus tard, *PRB* a carrément démâté.

Plus tard, nous comprendrons ce qui s'est passé pour Jean : *VM Matériaux* a perdu le bulbe de sa quille. Privé de ce contrepoids, le bateau s'est retourné. Vice de fabrication, accident de parcours, fatigue, impact d'objet ? Impossible de savoir. Sur les photos, on peut voir que les boulons ne sont plus sur la quille. Ont-ils cassé ? Mystère de la résistance des matériaux.

La quille est en acier, les outriggers en carbone. On utilise aussi du titane pour certaines pièces, et du PBO (fibre synthétique aussi résistante que l'acier, mais cinq fois moins dense) pour les haubans. On attend avec impatience les matériaux du futur. L'avenir pourrait se trouver du côté de… la fibre d'araignée, par exemple. Ce petit animal peu sympathique sécrète un fil ultrarésistant et très léger. Pourrons-nous le reproduire de façon artificielle ? Il semble qu'on s'y emploie. Ce serait une fibre parfaite, les caractéristiques techniques de la toile d'araignée sont idéales. Densité minimale, résistance maximale.

Une autre idée est dans l'air. Les fibres utilisées aujourd'hui, rondes et indéformables, s'agglomèrent mal. Quand on les superpose, il est nécessaire de combler de résine les interstices, de sorte que les fibres soient bien reliées mécaniquement. La recherche s'emploie donc à créer des fibres plates, avec le moindre vide entre elles. Les voiles y gagneront en poids ou en résistance. Et cette réalisation-là est à portée de main. Dans les années à venir, on utilisera des fibres plates, c'est sûr. Sauf que, pour l'instant, le procédé est cher, trop cher.

L'accident de Jean Le Cam vient nous rappeler à bon escient que nous sommes tous des victimes en puissance. Je suis content que Jean s'en soit tiré.

Les moments de vive émotion sont passés, la course reprend ses droits.

À Port-la-F, mes gars ont inventé un nouveau slogan : « *Foncia*, ça fonce ! » Je navigue au large des côtes argentines, j'ai obliqué vers l'est. Roland Jourdain est plus lent que moi de 4 nœuds. Je déchire mon deuxième spi lourd, je ramène des lambeaux de tissu à bord. Il n'est pas réparable, même en atelier. Cet incident ressemble à s'y méprendre à ce qui m'est arrivé à la descente de l'Atlantique. J'ai oublié d'apprendre et d'en tirer expérience. Tant pis pour moi. Je n'ai plus qu'un spi entier, et un autre que je pourrai recoudre, en solution ultime.

On qualifie souvent la course au large d'aventure, et je fais partie de ceux qui s'insurgent contre ce terme. Il y a, évidemment, une part de provocation, mais il me semble que, dans l'aventure, il y a une notion d'imprévu, d'absence de préparation et d'improvisation, qui en fait tout le charme. Et qui la transforme parfois en désastre. Dans un projet comme le Vendée Globe, si on regarde le travail fourni en amont par toute une équipe pendant plus de deux ans, on ne peut pas parler d'aventure. Il entre tant de préparation, tant de minutie dans notre démarche, que le terme paraît peu approprié. En fait, nous essayons de réduire l'inconnu au minimum. Plutôt que d'aventure, je préfère parler de la glorieuse incertitude du sport…

Un jour de juillet 1984, Jean Le Cam m'a emmené à Gouenac'h. Au creux d'un méandre de l'Odet, s'avançait un grand ponton. Où je découvre la longue coque noire de *Pen Duick VI.* Dissimulée par les frondaisons, une longère bretonne, remontée pierre par pierre : c'est la demeure d'Éric Tabarly. Je suis impressionné. C'est tout juste si Jean n'est pas obligé de me prendre par la main pour franchir les derniers mètres. Le maître des lieux descend à sa cave et ramène un châteauneuf-du-pape. Excellente initiative. Elle délie les langues et dissout en un rien de temps une certaine gêne, car Tabarly est à peu près aussi timide que moi. Nous échangeons quelques brèves paroles, c'est surtout Jean qui fait la conversation. Posant son verre, appréciant en connaisseur le précieux liquide, il me dit : « D'accord, tu viens dans trois jours. »

*Pen Duick VI* est pour les marins un bateau mythique. Il est le dernier d'une grande lignée. Le dessin de sa coque était à l'époque en avance sur les bateaux de même taille. Avec lui, Tabarly a fait plusieurs fois le tour du monde en équipage, à commencer par la Whitbread de 1973, pour laquelle il l'a construit. Au cours de cette édition, il démâtera, mais il bouclera tout de même son tour après réparation. Pour la beauté du geste. *Pen Duick VI* emportera à son bord toute une génération de futurs grands navigateurs dont Philippe Poupon, Olivier de Kersauzon, Titouan Lamazou et Alain Colas. Un certain Jean Le Cam y fit aussi ses armes et son service militaire. Ils allaient, presque tous, être des coureurs en solitaire d'exception.

Pour beaucoup d'entre nous, ce fut le meilleur bateau-école dont nous pouvions rêver. À l'époque, la course au large ne s'enseignait nulle part. Ceux qui voulaient apprendre le « métier » devaient procéder à la manière des corporations au Moyen Âge : aller de port en port pour s'engager comme apprenti auprès d'un maître, se former ensuite par l'imitation, puis progresser de manière empirique, par tâtonnements.

J'ai mis sac à bord, trois jours plus tard, donc. Je me souviens de cette sortie en mer au large de Bénodet, où j'ai réussi à faire un nœud de chaise d'une main sur une voile d'avant pour installer la contre-écoute qui manquait. Nous remontions contre le vent. Il fallait virer de bord rapidement, les hauts-fonds approchaient. Le problème était délicat, on discutait ferme sur le pont. Sans rien demander, j'ai pris le cordage, y ai préparé le nœud, ai grimpé le long de l'écoute sous tension et réussi à fixer celle que je tenais en main. J'étais fier ! Le patron avait repéré le manège, je marquais des points.

Naviguer avec Éric fut, pour l'apprenti que j'étais, un privilège extraordinaire. Difficile de s'exprimer sur quelqu'un qui est devenu une véritable légende. Le trait de caractère qui me fascinait le plus chez cet homme hors du commun, c'était sa sérénité.

Il était d'une nonchalance admirable qui le rendait parfois très comique. Je n'ai jamais autant « cassé de crabe » qu'avec lui. Nous tapions régulièrement sur des hauts-fonds et il fallait toute la solidité de construction des bateaux de l'époque pour résister aux traitements qu'il leur faisait subir. Le plus sidérant, lorsque survenaient ces incidents, c'était le flegme avec lequel il constatait les dégâts. Tant qu'on n'était pas obligé de mettre les canots à la mer ou de déclencher la balise de détresse, il n'y avait pas lieu de s'inquiéter ou même de se formaliser.

Pendant cette croisière d'accompagnement de la Solitaire du Figaro 1984, où, à chaque escale, je rejoignais Bilou sur son bateau pour l'aider à préparer l'étape suivante, nous sommes rentrés dans le port de Concarneau. Un responsable de la capitainerie nous désigna un emplacement à quai. Il ne tenait manifestement pas compte du tirant d'eau de l'engin qu'il avait en face de lui. Tabarly essaya de faire valoir que, à cet endroit, il n'y avait pas assez de profondeur sous son bateau, mais son interlocuteur n'était pas prêt à se ranger à ses arguments. Le skipper insista, calmement. L'autre restait inébranlable. De guerre lasse, Éric lui fit comprendre son erreur, de manière très didactique. Il enclencha la marche avant de son moteur. Aussitôt un grondement sourd se fit entendre. *Pen Duick VI* venait de racler sévèrement le fond du port. « Vous voyez ! », dit-il simplement au représentant local du pouvoir, aussi médusé qu'embarrassé.

Beaucoup gardent l'image caricaturale d'un homme taciturne, l'archétype du marin « taiseux ». C'est vrai qu'il ne se payait pas de mots et qu'il avait en horreur les bavardages intempestifs et les propos mondains. Mais il savait être pour ses équipiers, ses amis et ses proches en général, d'un humour parfois décapant et d'une convivialité que son apparence ne laissait pas toujours supposer. Ainsi, ce fervent admirateur d'Édith Piaf adorait chanter. Des chansons de marins, il connaissait à peu près tout le répertoire. Il alliait une douceur qu'accentuait son air juvénile, son rire enfantin, sa bonhomie et son cheveu sur la langue, à une fermeté et une exigence sans faille. Jamais il n'exigeait de quiconque plus qu'il n'était en mesure de donner. Il jugeait très vite des compétences de ses équipiers et surtout de leur volonté. Ses bateaux, il savait exactement ce qu'il pouvait leur demander, parce qu'il les avait conçus dans les moindres détails. C'était un cas unique à l'époque, dans ce milieu conservateur, où les tâches étaient très compartimentées. Un marin devait se préoccuper de la navigation et laisser aux hommes de l'art le soin de fabriquer son instrument de travail. Tabarly, lui, ne laissait rien au hasard. C'était lui qui était seul au milieu de l'eau, pas les constructeurs navals. C'était donc lui le mieux à même de savoir sur quoi il voulait s'embarquer.

# 8

Pris en remorque par un patrouilleur chilien, Vincent Riou, avec Jean Le Cam, toujours à bord, est enfin arrivé à Puerto Williams. Comme tout le monde, je suis soulagé de les savoir sur la terre ferme.

C'est le soixantième jour de course. Bilou est à 178 milles, une distance raisonnable, mais il ne faut pas se relâcher. J'ai de mauvais souvenirs de la remontée de l'Atlantique Sud. Il y a huit ans, l'anticyclone de Sainte-Hélène était beaucoup plus au sud de sa position moyenne que cette année. Et il était remonté au fur et à mesure que je remontais avec lui dans l'Atlantique Sud. Je ne pouvais tout de même pas aller plus vite que lui ! Ellen MacArthur, qui avait 500 milles de retard sur moi au passage du cap Horn, n'avait pas eu ce problème : elle avait buté dedans quand il avait pris sa place définitive et était ainsi revenue à 70 milles de moi. J'ai payé très cher mon passage.

Je n'ai pas envie de me faire avoir deux fois.

Je me décale dans l'est pour rester sur la bordure et éviter la zone de vents faibles.

Dans les moments de calme, je range, je bricole. Il y a toujours des choses à faire. Et puis je regarde la mer. L'environnement est évidemment une question qui préoccupe les marins. Les objets flottants, sur les océans, témoignent de l'énergie que déploie l'homme pour souiller les endroits les plus reculés. Planches, billes de bois, meubles, containers, flaques de dégazage, traînées de fuel, marées noires… L'un de mes amis, à sa grande surprise, a vu passer une armoire en plein Atlantique. D'où venait-elle ? En même temps, il faut bien reconnaître que, malheureusement, le navigateur moderne n'est pas dans une démarche très écologique. Bien sûr, il ramène ses poubelles, ne jette que des matières biodégradables dans l'eau, tente d'économiser l'énergie, utilise celle des éléments naturels. Mais la construction de nos bateaux, depuis la production des matières premières jusqu'au recyclage des bateaux obsolètes ou délaissés, est loin de s'inscrire dans une logique de développement durable. C'est un énorme chantier dont il faut se saisir.

Il reste douze concurrents sur le plan d'eau. Raphaël Dinelli est encore au soleil sous la Nouvelle-Zélande, à 6 300 milles derrière. Armel Le Cléac'h, en troisième position, vient de doubler le cap Horn : il a rasé sa barbe, comme il l'avait promis. Samantha Davies a réparé sa grand-voile et pointe en cinquième position. La bonne nouvelle, c'est que, tous les jours, la température remonte d'un degré. Le 9 janvier, il me reste environ 5 600 milles à parcourir. Au large de l'Argentine, Roland Jourdain a été réveillé par un choc violent. Bondissant hors de sa bannette, il s'est précipité, et a constaté que la mer devenait rouge. Une baleine avait eu la mauvaise idée de se mettre sur sa route. Cloison de pied de mât fissurée. Sous voilure réduite, il a fait l'état des lieux et commencé à réparer. À la vacation, il parvient à décrire ses déboires avec humour. Je peux imaginer ce qu'il endure. Il n'en veut pas à l'animal, il déclare : « C'est moi qui suis venu sur son territoire, je ne vais pas me plaindre… »

Il m'est arrivé moi-même de heurter des baleines. Outre la tristesse de blesser des animaux aussi sympathiques, et aussi menacés, il y a la pensée que ces animaux sont, dit-on, hémophiles. J'imagine que la moindre blessure peut leur être fatale, même si je n'en ai jamais vraiment parlé avec un scientifique. Quand on les voit, c'est souvent déjà trop tard. Bilou a raison, les baleines sont chez elles, pas nous.

Penser à tous les détails…

Quand on est navigateur solitaire, il est crucial de fonctionner comme un ordinateur multitâche. Les priorités sont sélectionnées en permanence. C'est comme une balle enfermée dans un polyèdre : la balle rebondit entre instinct et analyse, flair et expérience. Chacun a son propre processeur. Qu'est-ce qui fait alors la différence entre un gagneur et un homme « normal » ? La motivation, sans doute, d'abord. L'expérience, ensuite. Pour le reste, mystère. Je ne sais pas.

C'est un jeu. Parfois, on gagne, parfois, on perd. C'est la règle. L'important, c'est de s'amuser. Pendant longtemps, je n'ai pas été un compétiteur. Mes parents ne l'étaient pas, pourquoi l'aurais-je été ? Ils ne m'ont appris qu'une chose : « Fais ce que tu veux, mais fais-le bien. » Liberté totale donc, mais souci de perfection…

Il y avait chez moi un grand souci de l'art et de la manière. Peu m'importait le résultat. Rien ne me faisait plus plaisir qu'une manœuvre parfaitement réussie, j'aimais la beauté du geste. Mais je ne m'interrogeais pas toujours assez sur la nécessité de l'accomplir à ce moment précis, à cet endroit précis. J'étais très à l'aise sur les plans technique et tactique. En revanche, la stratégie d'ensemble, la conduite générale des opérations en vue d'un objectif, m'échappait parfois.

Un jour, Christian Le Pape, le patron du Centre d'entraînement de Port-la-Forêt, m'a pris entre quatre yeux. Il m'a dit quelque chose comme : « La méthode, c'est bien, mais le résultat, ça compte aussi… » Devant mon air un peu interloqué, il a ajouté : « Tu te satisfais de faire bien, mais il est temps maintenant que tu t'autorises à faire mieux. Non pas le mieux possible, mais mieux que les autres… » C'était en 1992, je venais d'avoir 27 ans. Quelques jours plus tard, je gagnais ma première Solitaire du Figaro. Il m'aura fallu cette discussion pour saisir que je pouvais aller plus loin et surtout pour comprendre que le seul élément qui bloquait, c'était moi. Ce jour-là, Christian a mis le doigt sur quelque chose. Désormais, j'aime la compétition. Je ne cherche pas à écraser l'autre. Je ne cours pas contre des ennemis, mais contre des adversaires. Je ne serai jamais un tueur, mais là, par cette simple remarque, Christian m'a guéri d'une peur viscérale : celle de gagner.

Le Centre d'entraînement Finistère Course au large, c'est un peu l'académie de la course au large. Fondé il y a dix-sept ans par quelques coureurs finistériens parmi lesquels Bilou, Jean Le Cam, Marc Guillemot et ma pomme, sur l'initiative de Christian Le Pape, alors professeur de sport détaché à la direction départementale de la Jeunesse et des Sports. Il vise à former les marins qui vont s'illustrer sur les plans d'eau de France, d'Europe et du monde, et qui vont gagner plus souvent que les autres. Ces coureurs fondateurs ont été parmi les premiers à rompre avec l'individualisme forcené caractérisant les anciens coureurs au large, les solitaires sur l'eau et les solitaires dans l'âme, ceux qui se préparaient seuls à ces compétitions. Cela correspond au moment où la Solitaire du Figaro rompt avec les Half tonners pour passer aux monotypes. Désormais, c'est l'homme qui va faire la différence puisqu'on court tous sur des voiliers identiques. La force de Christian a été, plusieurs années de suite, de nous proposer à chaque intersaison un nouvel os à ronger, une matière qu'on n'avait pas encore regardée et exploitée, de quoi occuper nos intellects, quelque chose en plus. Certes, il y a eu quelques erreurs de parcours, mais, même dans ces erreurs, on apprenait mieux les limites des compétences qu'il nous restait à acquérir. Ce que nous avons mis dix ans à apprendre, les « petits jeunes » mettent aujourd'hui deux ans à l'acquérir, mais sans ces faux pas qui forgent l'expérience. Au fond, il y a une sorte d'équilibre entre le temps passé et la richesse de l'apprentissage…

Toutes les grandes périodes pour la pensée, les arts, les sciences, les sports sont nées de la concentration de grands talents à un moment donné dans un lieu donné. Alors, les échanges, l'émulation, l'envie de dépasser l'autre sont tels que même les antagonismes sont fructueux. Ces solitaires vivent en groupe, ces individualités forment une équipe, mais chacun conserve ses différences.

Dans l'échange, on prend plus qu'on ne reçoit. Tout ne se fait pas nécessairement dans l'harmonie, mais on prend pour remettre ensuite à la disposition de chacun. C'est une logique de marché dans une perspective de développement durable. Les gens trop pressés n'intéressent pas Christian et ses acolytes. Une carrière met du temps à se bâtir. Combien de marins, combien de capitaines sont partis trop vite et qu'on n'a pas revus ! Les jeunes veulent aller vite et pensent pouvoir voler de leurs propres ailes au bout de deux ans. Or, dans n'importe quelle école d'envergure, un cycle d'études dure au moins cinq ans. Le centre ne dispense pas des brevets de techniciens de la mer. Il forme et entraîne des futurs champions. Et, pour cela, il faut du temps.

Chacun a sa technique et ses objectifs à travers ce métier. On navigue sur l'eau, mais aussi à terre, avec les médias, les sponsors. C'est un package, comme on dit en marketing. Certains y ont vu des pratiques d'intégristes, avec des méthodes d'entraînement commando, entourées, comme il est d'usage, d'un lourd secret. En fait, c'est une boîte à outils. En plus des nombreuses séances d'entraînement sur l'eau, sont dispensées des interventions dans tous les domaines qui touchent notre sport mécanique. Il y a des météorologues, des avocats, des communicants, des fiscalistes, des préparateurs mentaux, des ingénieurs… Mais, après avoir fait ses courses, il faut faire « sa » course. Et que le meilleur gagne. Le but n'est pas de se réunir entre joyeux compères, mais d'amener des marins à prendre des départs et si possible à arriver avant les autres.

La confrontation de toutes ces cultures produit des mélanges intéressants. Le centre offre cette mixité technique et psychologique. Même après des années, et même si je fais partie des anciens, je continue d'y apprendre au contact des autres.

Atelier bricolage de printemps à bord de *Foncia*. Ma souris d'ordinateur ne fonctionne plus. Elle a traversé la cabine et atterri dans l'eau. Dans l'eau de mer qui croupissait dans la coursive sous le vent. Rincée à l'eau douce, elle sèche tranquillement. Avarie minime, mais allez donc taper sur des raccourcis clavier les doigts mouillés et gourds. La porte du puits de dérive bâbord fait grève. Pendu à l'extérieur de la coque, je la décoince avec un marteau fixé au bout d'une gaffe. J'ai changé la trinquette aussi. Opération fastidieuse. J'avais remarqué qu'elle ne s'enroulait pas correctement. Je viens de comprendre pourquoi : l'émerillon du haut, que j'ai dans la main, ressemble à un tas de rouille.

Une fissure sur le ballast avant tribord m'agace. Je la rebouche comme je peux. Quand j'ai réparé mon bout-dehors fissuré, je me suis dit que j'aurais bien aimé avoir un ciseau et une râpe à bois. La prochaine fois, ils seront dans ma caisse à outils. On en apprend tous les jours.

La vitesse tombe à 10 nœuds. Samantha Davies et Marc Guillemot, derrière, marchent à 15 nœuds. Armel Le Cléac'h se maintient à la troisième place.

Paradoxe de cette course : les bateaux passent au second rang des préoccupations ; ce sont les qualités humaines des skippers qui prennent le dessus. La fatigue, l'usure, parfois l'ennui, souvent la colère : tout joue. Je sais que, derrière moi, personne ne lâchera rien. En particulier Bilou. Ce n'est pas parce qu'il est occupé à consolider la cloison de son pied de mât avec du carbone qu'il est perdu pour la course. Il reste menaçant. D'ailleurs, même en train de poncer et de coller, il va un peu plus vite que moi.

Je ne l'appelle pas. Je n'appelle personne. Le seul concurrent avec qui je communique régulièrement, par mail, est Sam Davies. Pourquoi ? Je ne sais pas. C'est comme ça. J'aime son enthousiasme, sa bonne humeur permanente, on s'entend bien. Non, je sais. Elle a sous ses pieds un bateau que je connais bien, celui avec lequel j'étais il y a huit ans sur cette même course, et on a souvent échangé des conseils pendant sa préparation.

Communiquer avec les autres concurrents est à double tranchant. C'est sympathique, souvent réconfortant, c'est les considérer autrement. On ne voit plus celui avec lequel on discute comme un adversaire, plutôt comme une présence proche. Du coup, on n'est plus dans une logique de compétition. J'évite en course ce genre d'échanges. Je reste solitaire autour du globe. Rien à voir avec un tour du monde en équipage.

Plus d'une année s'était écoulée depuis mon arrivée dans le port de Concarneau avec *Pen Duick*. J'avais trouvé d'autres embarquements entre-temps. Je naviguais avec Roland Jourdain et Vianney Ancellin sur *Crédit Agricole II*, un catamaran de 23 mètres engagé dans le Tour de l'Europe. À la barre, Philippe Jeantot, le futur créateur du Vendée Globe, ex-plongeur de la Comex. Entre-temps aussi, Éric Tabarly s'était retrouvé aux commandes d'un très gros projet sponsorisé par Côte d'Or, le célèbre fabriquant de chocolat belge. C'était la première fois qu'il allait skipper un bateau « sponsorisé », exception faite de l'étrange *Paul Ricard*, précurseur de l'*Hydroptère* qui ne « décolla » jamais. Pour Tabarly, c'était une nouvelle donne, il devait s'adapter. Le sponsoring était, à cette époque, un phénomène assez nouveau. Jusqu'à *Pen Duick VI*, Éric Tabarly avait armé ses bateaux avec ses propres deniers et ceux de ses mécènes, et tous avaient porté le nom dont il les avait baptisés. Sans qu'une « maison » vienne imposer ses couleurs et barrer la coque ou les voiles de sa marque.

Lors d'une escale du Tour de l'Europe dans l'immense port de Zeebrugge, la curiosité nous poussa, Bilou, Vianney et moi jusqu'au quai où relâchait *Côte d'Or*, superbe monocoque de 25 mètres à la belle coque rouge. Tabarly venait d'achever la course du Fastnet par une mer mouvementée et dans des conditions difficiles, la moitié de l'équipage avait été malade pendant presque toute la durée de la course. Éric nous invita à bord.

À peine avait-on posé le pied sur le bateau qu'il nous annonça son intention de remplacer certains membres de son équipage. Ils n'étaient pas assez amarinés pour entreprendre la fameuse Whitbread[1] à

1. La Whitbread Round The World Race, course autour du monde en équipage avec escales, comprend quatre étapes : Portsmouth-Le Cap, Le Cap-Sydney, Sydney-Rio, Rio-Portsmouth. Elle a été inspirée par le Britannique Sir Francis Chichester. Cet aventurier de légende, tour à tour exploitant minier en Nouvelle-Zélande, pilote dans le monde entier, cartographe et expert naval pendant la Seconde Guerre mondiale et, enfin, navigateur solitaire sur le tard, gagnera, à près de 60 ans, la première Transat anglaise dont il est le fondateur. C'est en quelque sorte en sa mémoire que dix-huit bateaux prendront le départ de la première édition en 1973, dont *Pen Duick VI*, le bateau d'Éric Tabarly qu'un démâtage contraindra à l'abandon.

laquelle il allait participer une nouvelle fois. Il nous demanda à brûle-pourpoint si on voulait embarquer pour ce tour du monde en équipage. Notre décision fut immédiate et évidemment positive ! Mais nous n'étions pas libres. Ce n'était qu'un détail. D'ailleurs, le bateau ne partait pas tout de suite. Enthousiastes, nous revînmes annoncer à Jeantot que nous allions quitter son bord. Par courtoisie, nous courûmes tout de même les deux étapes suivantes : Zeebrugge-Torquay et Torquay-Lorient. Et nous changeâmes de cheval, non sans avoir mené le bateau en tête du classement provisoire, à mi-parcours. C'était un peu léger et je ne pense pas que Philippe Jeantot ait beaucoup apprécié, mais nous ne pouvions manquer une occasion pareille. Huit mois autour du monde. Avec Éric Tabarly et entre potes. Nourris, logés, blanchis. Nous n'allions percevoir aucun salaire. Cela nous était égal. Du reste, l'avenir allait montrer que les membres d'équipage percevant un salaire n'étaient pas nécessairement les plus actifs sur le pont.

Avec Éric, nous avons convoyé jusqu'à La Rochelle où devaient s'effectuer quelques travaux avant la course. Le bateau se retrouva échoué sur les roches de Portsall, au petit matin et dans un brouillard à couper au couteau. Ce n'était pas encore l'époque du GPS, très fiable, mais du Decca, un système de positionnement par balises à terre qui, malgré le voyant vert, nous voyait 3 milles plus à l'ouest, au milieu du chenal du Four… La marée était basse. *Côte d'Or* resta ainsi pendant une demi-heure, comme un héron ivre dressé sur une patte, roulant bord sur bord au gré de la houle, en attendant que la marée monte. Je me souviendrai toujours d'Éric, sortant de sa cabine, réveillé par le bruit et les secousses, se demandant à voix haute, perplexe mais placide, le cheveu sur la langue, le ton sourd et la voix monocorde : « Ah ben, ça alors ! Je me demande bien sur quel caillou on a pu se mettre ! » Devant le tragicomique de la situation, nous nous sommes retenus d'éclater de rire. Aujourd'hui avec nos bateaux modernes, dans une telle position, nous aurions coulé au bout de dix minutes.

Au moment du départ, quelques semaines plus tard, à Portsmouth, il ne nous manquait plus que le médecin du bord. Il venait de se faire arrêter par les douaniers, pour désertion. Malgré le grade de Tabarly, les autorités militaires refusèrent de nous le rendre tant qu'il n'avait pas purgé sa peine. Il finit par être libéré et nous rejoignit en Afrique du Sud. Jean-François Coste, qui devait prendre le départ du premier Vendée Globe Challenge, cinq ans après – à la barre de *Pen Duick III*, alias *Cacharel*, accepta de le remplacer au pied levé le temps de la première étape. Ce formidable compagnon de route, plus poète que praticien, avait fait ses armes comme urgentiste dans des opérations humanitaires.

Enfin, on largua les amarres. Une journée de navigation et nous parvînmes aux abords des côtes françaises. La plupart des concurrents, prudents, passèrent au large d'Ouessant. Nul n'était censé ignorer une loi de la nature en vigueur dans ces parages peu hospitaliers : « Qui voit Molène, voit sa peine. Qui voit Ouessant, voit son sang. » Ce jour-là, fait rarissime, pas de vent et mer d'huile. Tabarly décida de couper au plus court et de remonter le Fromveur, où un fort courant marin nous refoulait. Dès la deuxième nuit, nous nous retrouvâmes au mouillage dans la baie du Stiff à attendre que le vent se lève ou que le courant baisse d'intensité. À ce train-là, nous n'étions pas arrivés !

Quelques jours plus tard, nous étions dans le Pot au Noir. De gros grains passaient le pont à la lance à incendie en un rien de temps. Nous en profitions pour nous déshabiller à toute vitesse, nous savonner et nous rincer avant la fin de la douche. Le jeu consistait à savonner son voisin juste avant la fin du grain, de sorte qu'il ne puisse se rincer complètement. On s'amuse comme on peut lorsqu'on est immobilisé en pleine mer à dix-huit gars sur un bateau.

Au moment du franchissement de l'Équateur, il fallut sacrifier à la coutume imbécile du bizutage des nouveaux à bord, simulacre de sacrifice rituel en l'honneur de Neptune. Je fus, comme d'autres, badigeonné d'une mixture préparée à base de chocolat en poudre, de papier toilette et d'huile de cuisine. Franchement, c'était immonde et je me serais bien passé de ce genre d'usage... La ligne équatoriale franchie, au moins une bonne semaine de navigation nous attendait, contre les vents dominants pour rejoindre l'Afrique du Sud, terme de la première étape.

Nous ne nous posions aucune question, de quelque nature que ce soit. Nous étions là, tout entiers présents dans ce moment exaltant que nous vivions. Nous avions le corps et l'esprit à vif.

À l'usage, *Côte d'Or* s'avéra relativement mal préparé aux conditions qu'il fallait affronter. Un jour que je me trouvais dans l'étrave en train d'écoper l'eau qui rentrait par les vérins hydrauliques mal étanchés, je constatai que la coque était en train de se délaminer. Les couches de fibre de verre dont elle était constituée glissaient les unes sur les autres à la manière d'un mille-feuille. La rigidité de l'ensemble en était sérieusement affectée. La décision fut prise rapidement de virer pour ne plus solliciter ce bord-là. Joint par radio, l'architecte du bateau affirma, très sûr de lui : « On a repris tous les calculs, ce n'est pas possible que ce soit cassé... » Visiblement, nous n'avions pas le même professeur à l'école du rire. Nous effectuâmes une réparation de fortune pour renforcer la zone de coque avec un tube métallique, un morceau de cloison étanche et des brassières pour répartir la charge et consolider le tout.

Nous atteignîmes tant bien que mal l'Afrique du Sud. Et nous avons profité de la longue escale d'un mois pour revoir le bateau entièrement. Avec mon anglais scolaire, plutôt mince, je me suis improvisé interprète auprès des ouvriers du chantier naval. Belle occasion d'apprendre sur le tas. Dans ce pays, j'ai aussi découvert avec étonnement qu'on pouvait préparer les fêtes de Noël en mettant des flocons de neige dans les vitrines, alors qu'on supportait difficilement son tee-shirt.

Pendant la deuxième étape de la course, entre Cape Town et Auckland, en Nouvelle-Zélande, *Côte d'Or* cédera à un autre endroit. Cette fois, c'est le fond qui se délamine. Nous nous trouvons en plein milieu de l'océan Indien. La situation est délicate. Et, comme un malheur n'arrive jamais seul, un spi vient s'enrouler autour de l'étai. Nous passons une matinée entière sur la plage avant à essayer de le démailloter. En vain. C'est au couteau qu'il faudra l'achever : 450 mètres carrés de toile découpés en petits morceaux !

Ces déboires matériels ne semblaient pas atteindre Éric. Une voile éclate ? Qu'à cela ne tienne ! On en envoie une autre. Même si elle est plus grande. Même si le vent n'a pas molli. Peu importe ! Avec les autres équipages de la Whitbread, nous avons fait une entrée triomphale en Nouvelle-Zélande, merveilleux pays où les deux sports rois sont le rugby et la voile. Nous y sommes restés un mois, pour le grand bonheur de tous.

De tous les pays que j'ai visités ou dans lesquels je me suis arrêté au cours de ma vie de navigateur, la Nouvelle-Zélande est celui qui m'a laissé le souvenir le plus vif. Je ne me suis pas tourné vers la navigation par désir d'évasion ou par goût du voyage. Je prends rarement des vacances, même si je les apprécie, et je dois avouer que, lorsque je m'arrête dans une terre lointaine, je m'éloigne assez rarement du bateau. Mais, en Nouvelle-Zélande, je me suis senti aspiré vers l'intérieur des terres. Après tant de bleu, un peu de vert ne nuit pas…

Avec mes deux compères Bilou et Vianney, nous avons loué un van pour sillonner le pays, des montagnes du nord aux plages de sable noir de la côte ouest, le grand rendez-vous des surfeurs du monde entier. En réalité, en regardant une carte, nous n'avons écumé qu'une infime partie de l'île du Nord, car ce pays est celui de toutes les démesures. À commencer par la surface de son territoire qui est constitué d'un véritable archipel. Je ne connais pas d'autre lieu au monde qui représente autant pour moi le bonheur. La nature, l'espace, la voile.

Nous avions parfois la sensation d'être comme les premiers hommes sur terre, au temps des chasseurs-cueilleurs. Le soir arrivant, nous n'avions pas besoin de chercher dans une boutique de quoi manger. Il nous suffisait d'avancer de trois pas dans la mer et, les pieds plantés dans le sable, de pivoter d'un quart de tour sur nous-mêmes pour sentir, sous la plante des pieds, comme de petits cailloux. C'étaient des coquillages que nous ramassions à pleines mains. Un feu de camp et le tour était joué.

La course reprenant ses droits, j'ai passé le cap Horn pour la première fois. Nous y sommes arrivés de nuit, par une mer plate comme la main qui me rappelait étrangement la baie de La Forêt-Fouesnant. J'étais un peu déçu.

Quitter les mers du Sud est un soulagement. Un peu comme la lumière qui succède aux ténèbres. Dans le sud, le bruit de la mer déchaînée grondait sans cesse aux oreilles, c'était assourdissant. Le calme n'est qu'apparent. Juste après le Horn, dans le détroit de Lemaire, nous attendait un gros coup de tabac. La mer était hachée par un courant fort. Nous nous sommes retrouvés en pleine nuit, par 50 nœuds de vent, à mettre le tourmentin. C'est une des rares fois où nous avons tous dû nous harnacher, car, dans ces conditions, si un homme tombe à la mer, il n'y a aucune chance de le retrouver. Et encore, le harnais n'est qu'une mince garantie.

Ultime étape : l'Uruguay. Nous arrivâmes non loin de la baie de Punta del Este, avec son paysage grandiose, son lagon bleu, sa petite île. Une équipe de Thalassa vient de monter à bord. Entre nous et la côte, un rocher. Un seul. Nous aurions pu passer à gauche ou à droite. Non, nous l'avons embouti de plein fouet ! Les cameramen de Thalassa, qui ne s'attendaient pas à une telle surprise, se retrouvent cul par-dessus tête. Pour Éric, il n'y a rien de bien alarmant. Son bateau est solide.

De nos jours, les bateaux sont beaucoup plus fragiles. Si vous laissez tomber un instrument contondant sur le pont de votre bateau en carbone, il y a de fortes chances pour que vous le récupériez à l'intérieur. Je force le trait, mais, dans le principe, tout est fragile et demande du soin.

La route du retour fut plus facile. Donc, moins riche en péripéties. Pendant huit mois, nous avons vécu pleinement, intensément, à terre ou en mer. Ce fut pour moi un concentré d'existence et d'expérience inouï, qui m'a fait grandir à vitesse accélérée. Un peu comme lorsqu'on filme une plante et qu'on supprime des images pour donner l'illusion qu'elle croît et éclôt en quelques minutes ou quelques secondes.

Quand, à 20 ans, on est ainsi coupé du monde, et qu'on vit en vase clos au milieu des mers du globe, on est dans les mêmes conditions psychologiques qu'un enfant de 8 ans qui ne sait pas de quoi demain sera fait et qui ne s'en soucie guère. Pour ce gamin, comme pour moi à ce moment de ma vie, la seule préoccupation est de profiter pleinement de l'instant. Pas d'angoisse du résultat, de la performance. Pas de stratégie à mettre en œuvre. Pas de budget à gérer, d'équipe à diriger, d'image à défendre. On est débarrassé de tout ce qui rattache à une réalité prosaïque. C'est un luxe extraordinaire. Aucun poids sur les épaules, sinon d'être l'un des dix-huit équipiers de l'aventure avec Éric Tabarly et de mériter ce titre. En même temps, la mer vous place constamment en face de vos responsabilités et se charge de vous ramener au concret. Un tel mélange est incroyablement formateur.

La Whitbread, aujourd'hui devenue la Volvo Ocean Race, est unique. C'est la seule course qui engage les hommes sur une aussi longue période : quatre mois en mer, quatre mois sur terre. La promiscuité au sein de ce microcosme qu'est la vie d'un bateau n'est pas toujours facile. Il faut très vite savoir quelle est sa place par rapport aux autres et la garder. Il faut aussi savoir à qui on est confronté et faire preuve de diplomatie. Même si on a envie d'être cow-boy, il faut savoir rester Indien. Un bateau, ce n'est ni plus ni moins qu'une école de la vie en société, en plus concentré.

J'ai eu de la chance. L'autorité à bord, incarnée par Éric Tabarly, était totalement incontestable et incontestée. Cela simplifiait beaucoup les choses. Il n'élevait quasiment jamais la voix. Il se contentait, par quelques paroles brèves, de nous montrer la direction à suivre. Si nous nous écartions un peu trop de la route, il nous rappelait à l'ordre d'une manière si impérative qu'on ne traînait pas. Depuis qu'il a lui-même été rappelé par la mer, nous sommes tous un peu orphelins.

Ce tour du monde marque évidemment un tournant dans ma vie. D'abord, cela m'a imposé dans le milieu. Du jour au lendemain, je jouissais d'un certain prestige, au même titre que les autres équipiers embarqués à bord de *Côte d'Or*. Cette aventure a sans doute contribué à ce que mes parents se fassent à l'idée que je serais navigateur. Même ma mère, qui avait tout fait pour me dissuader de choisir ce métier – et qui n'était pas très fière, au début, d'avouer à ses amies, en baissant le ton, que le petit dernier avait abandonné ses études pour courir les mers –, a fini par se dire, qu'après tout, avec Tabarly, ce n'était pas si mal. L'expression béate d'admiration de ses amies, à la seule évocation de ce nom prestigieux, l'a convaincue que je faisais partie d'une caste d'élus : « Avec Tabarly !, s'écriaient-elles. Mais quelle chance extraordinaire il a, ce garçon ! » Naviguer avec une telle légende valait tous les diplômes.

Huit ans plus tard, la situation au cours de mon deuxième tour du monde en équipage sera radicalement différente. Après le beau temps, l'orage... Début 1993, on vient me proposer de participer pour la deuxième fois à la Whitbread, pour le compte de La Poste. L'initiateur de cette idée ambitieuse, lui-même postier, a proposé à sa hiérarchie de lancer autour du monde un Maxi voué au jaune, couleur des PTT, et d'y mettre à bord des employés de l'entreprise de service public. Avec un bateau de 15 mètres, ils ont déjà participé à l'édition 1989-1990. Ils ont été accueillis avec une telle chaleur qu'ils ont décidé de rééditer l'expérience, mais, cette fois, avec un Maxi, voilier high-tech de 26 mètres flambant neuf.

L'équipage est donc composé pour moitié de postiers et pour moitié de marins venus de plusieurs disciplines. La proposition tombe plutôt bien. Je suis tout jeune père de famille, sans bateau, sans sponsor et sans emploi.

J'entraîne dans l'aventure – car, pour le coup, cela va en être une – Jacques Caraës, dit Jaco, boute-en-train d'envergure, véritable élément moteur au sein d'un équipage, toujours prêt à aller à la manœuvre. Gréeur à terre, équipier d'avant en mer, il est de ces hommes qu'aucune tâche ne rebute, qu'aucun effort ne décourage, qu'aucun obstacle n'inquiète, qu'aucun moment de faiblesse n'atteint. Avec lui, je viens de courir et de remporter la première édition de la Transat AG2R. Je propose également Luc Bartissol, rencontré lors de la Mini-Transat. Il sera responsable des mâts. Le skipper du bateau est certes expérimenté, mais pas tout à fait suffisamment pour assumer la direction d'un bateau aussi pointu dans une course très longue, avec dix-sept hommes d'équipage, dont seule la moitié est composée de professionnels. Régine apprend dans une édition régionale du journal télévisé la nouvelle de mon futur embarquement. Elle n'est pas franchement enthousiaste : notre fils aîné, Adrien, a quelques mois.

Je me retrouve responsable technique et l'un des chefs de quart du bord. Lorsqu'on court au large, l'équipage est organisé en trois quarts : le quart de pont, le quart de veille, constitué des équipiers au service du quart de pont, et le quart de repos, qui se relaient toutes les trois ou quatre heures. Chacun de ces quarts est sous l'autorité d'un chef de quart, et le chef de quart de pont est un peu considéré comme le skipper du moment. Il y a, par ailleurs, le plus souvent, deux hommes « hors quart », le skipper et le navigateur, en charge essentiellement de la météorologie et du routage.

Préparation et entraînement à Port-Camargue, autrement dit l'autre bout de la France pour un Breton comme moi. *La Poste* est un ketch dont le plus grand mât mesure près de 33 mètres de haut. Le bateau se comporte bien et je découvre sur le tas la gestion d'une grosse équipe. Jusque-là, j'ai préparé mes bateaux en effectif réduit à une ou deux personnes, ou avec des copains. Mais avoir vingt personnes sous ma responsabilité, partielle tout au moins, constitue une situation inédite. Ma première tâche est de me faire accepter par cette équipe, présente déjà sur le chantier depuis les débuts du projet, mais aussi de m'imposer dans une véritable corporation, car *La Poste* en est une. Je suis parmi les plus jeunes, ce qui n'arrange pas les choses.

Je retrousse mes manches avec ardeur et enthousiasme. Comme je n'ai jamais eu la vocation d'être un suiveur et que je ne veux pas me contenter de jouer les utilités, en passant les outils et en portant le café, je mets très vite mon grain de sel. Je commence timidement, parce que j'ai affaire à des individus qui estiment n'avoir pas d'ordres à recevoir d'un « étranger ». Je ne tarde pas à gagner la confiance de l'équipe technique. Je ne le fais pas en m'imposant, mais en donnant la preuve de mes compétences. J'y gagne aussi un ami précieux, Michel Guillot, postier, préparateur du bateau et excellent technicien.

L'assemblage de ce Meccano géant enfin achevé, non sans mal, vient le moment du baptême. C'est un show nocturne grandiose. Le bateau est à terre sans ses mâts, caché derrière un écran gonflable géant, et nous sommes tous en rang sur le pont, habillés en pingouins – comprenez costumés et cravatés. Le spectacle commence par une projection d'images, puis l'écran se dégonfle découvrant le « bijou », balayé par les projecteurs, le tout noyé dans une musique tonitruante. S'ensuivent les discours officiels. À ce moment-là, la marraine du bateau, une championne française de course à pied qui doit, selon l'usage, casser la bouteille sur la coque, est face à la proue, la bouteille à la main. Elle frappe le balcon avant avec force. La bouteille rebondit. Elle s'y reprend. Rien n'y fait. Les spectateurs comptent les coups… Voilà qui commence à inquiéter, car, selon une superstition qui a la vie dure dans tous les ports du monde, une bouteille qui ne se brise pas du premier coup porte malheur au bateau. Agacé, Michel Guillot finit par aller la briser lui-même, à l'aide d'une manivelle de winch qui traîne dans le cockpit. Ouf ! Le baptême a lieu *in extremis*. Le vent de la discorde va bientôt se lever.

Pendant la première étape, entre Southampton et Punta del Este, la loi des séries frappe. Une voile neuve explose dès la première nuit. Deux jours plus tard, c'est le mât d'artimon qui se plie à 4 mètres au-dessus du pont. À la décharge du quart de pont alors de service, il faut dire qu'entre minuit et 4 heures du matin, c'est comme entre midi et 4 heures de l'après-midi : les variations climatiques sont plus significatives qu'aux autres moments de la journée. Le vent change continuellement de force et de direction, rendant les manœuvres et les changements de voiles très délicats, surtout au cœur de la nuit, période très favorable aux erreurs d'appréciation et d'exécution.

La deuxième raison, à mon sens, relève de l'humain. Le second à bord, excellent régatier au demeurant mais peu expérimenté au grand large, ne voit pas l'intérêt de réduire la toile, tant que tout tient debout. Il attend. Quand il se décide à manœuvrer, c'est trop tard dans des conditions devenues trop dures. Le régatier a souvent un profil psychologique très différent du marin. Le premier considère généralement son bateau comme un instrument ; le second comme un outil : l'instrument doit jouer ; l'outil doit servir.

Ainsi, quelques jours avant l'arrivée en Uruguay, pendant mon tour de repos, je constate que le vent forcit. La nuit précédente a été calme, l'après-midi belle, la vie aussi. Je ne suis pas fatigué, je sors prendre l'air. Ils sont en train de préparer une manœuvre. Le vent forcissant, ils ont décidé de changer la voile d'avant, pour une plus petite, ce qui semble judicieux. Je me tiens à l'arrière, discrètement, sans intervenir, mais l'équipier d'avant qui doit officier pour la manœuvre vient me demander ce que j'en pense. Je lui explique ce que j'aurais fait si j'étais à leur place.

Seulement voilà : je ne suis pas à leur place, et je dois rester à la mienne.

Je comprends soudain que l'équipage n'en est pas un. Ce n'est qu'un groupe d'individus, dont certains excellents navigateurs, et le tout manque de cohésion. De la passion, il y en a, mais les intérêts particuliers finissent par l'étouffer. Et je comprends que je suis en train de prendre naturellement et officieusement dans le groupe une place que je ne devrais pas occuper.

Seul un changement de gouvernement ou un coup d'État permettrait de redresser la barre. Le fonctionnement au sein des instances de La Poste, ce fonctionnement qui a permis de mettre en place un skipper et son projet, ne sera certainement pas propice aux remaniements. La Poste ne jettera pas le bébé avec l'eau du bain, moyennant quelques dégâts collatéraux, sur la simple requête d'un marin comme moi. Donner un grand coup de pied dans la fourmilière ? Je suis sûr d'être terrassé. Tenter un putsch est voué à l'échec : ce serait commettre ce qu'en d'autres temps et en d'autres circonstances, on a qualifié d'actes caractérisés de mutinerie.

Quelles possibilités s'offrent à moi ? Rester et continuer de suivre le mouvement en rongeant mon frein. Je ne m'en sens pas capable. C'est mon deuxième tour du monde. Le premier a été une aventure fantastique, j'avais 20 ans. On est loin du compte. L'aventure technologique est passionnante, mais l'aventure humaine devient un peu trop aventureuse. Je décide donc, à la première escale, de jeter mon sac à terre.

On accoste. J'aide à mettre de l'ordre dans le bateau qui va relâcher pendant un mois. À la presse, qui attend au ponton et ne manque pas de m'interroger sur les raisons de mon abandon, je prétends, ce qui comporte un fond de vérité, que je n'en peux plus d'attendre, que je veux rejoindre ma famille, voir mon fils Adrien faire ses premiers pas. Régine, à qui je dois l'honnêteté de dire qu'elle ne m'a jamais empêché de quelque façon de naviguer, bien au contraire, est un peu contrariée de servir d'excuse, mais finalement pas mécontente de me voir revenir… Au skipper, je donne une autre raison ; à l'équipage, je tiens un troisième discours. Et je m'envole pour la France.

Le bateau repartira sans moi, sans que mon poste ait été suppléé. La deuxième étape entre Punta del Este et Perth sera fatale. La mutinerie que j'ai vu venir finit par éclater. Quatre autres marins quittent le bord. L'affaire se termine à coups de paperasses, arbitrée par des avocats. La crise accouche d'une solution médiatiquement et sportivement plus qu'honorable : c'est Éric Tabarly en personne qui vient remplacer le skipper maison, accompagné par quelques marins qui pallient les défections de l'équipage. La suite sera rocambolesque, une partie de l'équipage et un dirigeant de La Poste se retrouvant en prison lors de la dernière escale en Amérique du Sud, ne pouvant reprendre la mer, vraisemblablement victimes d'une petite mafia locale. Le bateau arrivera finalement au terme de la course.

Je pense que certains parmi l'équipage m'en ont voulu à l'époque, et peut-être m'en veulent-ils encore, de les avoir ainsi abandonnés dans la tourmente. Mais je n'avais ni la notoriété ni l'autorité dont je jouis aujourd'hui. Ni la maturité pour gérer une telle situation. J'avais à peine 27 ans. J'avais tout à perdre et rien à gagner en m'opposant à l'institution qui me contestait les capacités que l'équipage m'avait reconnues. Combat inégal et vain. Il faut mener les batailles qu'on peut gagner. Les autres sont inutiles.

Il m'est resté de cet épisode un goût amer, mais aussi quelques bons amis parmi l'équipage. À la réflexion, que pouvais-je faire d'autre ? Je me suis souvent posé la question et la réponse, invariablement, est : « rien ». Cela ne neutralise pas le poison insidieux de la mauvaise conscience, qui, parfois, colore encore le sillage de certaines de mes courses.

Je m'extirpe de la bulle anticyclonique.

Enfin.

Stratégiquement, la zone est compliquée. Les systèmes météo sont petits, ils évoluent très vite, et les modèles de prévision ne fonctionnent pas bien. La dernière fois, c'est ici que Jean Le Cam, qui était en tête au cap Horn, s'est fait passer par Vincent Riou sur une excellente option météo.

Les hommes et les bateaux sont fatigués.

J'appréhende un peu le coin. Et je me méfie des baleines.

J'ai eu 20 ans dans les Quarantièmes Rugissants. En équipage. Aujourd'hui, les Quarantièmes sont derrière moi ; mes 20 ans, aussi.

Et je suis en solitaire.

# 9

Je retrouve le monde penché.

Vue des Malouines, la situation avait l'air sympathique, mais une dépression est venue jouer les trouble-fête et c'est moins drôle que ce que j'avais envisagé. Je la contourne par le nord-est. Il fait chaud. L'air et l'eau sont environ à 20 °C. De ce côté-là, je suis plus verni que ceux qui sont en France.

La majorité de mes poursuivants sont encore dans le Pacifique Sud. Eux vont devoir affronter une dépression importante. Sam Davies vient de franchir le cap Horn. Avec Bilou, je remonte l'Atlantique Sud par la face nord. Il y a pas mal de grains, avec des rafales à 40 nœuds et de grosses rotations de vent associées. Pas facile de se décontracter.

De: FONCIA2
Env: 11 janvier 2009
À: teamfoncia
Cc: directioncourse
Objet:

Au près bon plein, 20 nds de vent, gîte 20°, mer, du vent, ça saute un peu, les vagues, mais ça va, l'eau à 22 °C, air *idem*, on vire demain en milieu de journée vers l'ENE, quand la dep d'à gauche va partir vers le SE et le vent ici passer Nord, pdt 24 h encore, puis revirement cap au nord définitivement ou avec petits bidets pour contourner l'anticyclone.
Mich

J'ai une pensée pour les deux derniers, Norbert Sedlacek et Raphaël Dinelli, qui vont être rudement secoués. Une belle tempête est en train de leur tomber dessus, avec des vents contraires de 45 nœuds.

Bilou, qui est allergique à l'époxy, a enfin fini de chauffer, poncer, coller le carbone. Il a envoyé des images de sa réparation, c'est très bien fait. J'imagine la strat dans un espace confiné, le travail de préparation et de ponçage, la poussière de carbone qui s'insinue partout et qui gratte terriblement, la chaleur… Les deux cloisons, partiellement déchirées, semblent recollées. Chapeau Bilou la bricole ! Peu de skippers auraient été capables d'effectuer ce qu'il vient de faire.

Dans les périodes d'accalmie, je tente de recoudre mon spi, celui que j'ai déchiré par ici il y a environ un mois et demi.

À Auckland en Nouvelle-Zélande, Johnny Malbon, qui a abandonné à cause du délaminage de sa grand-voile, a rejoint Sébastien Josse, et tous deux accueillent Jean-Pierre Dick, dont le safran a été arraché. Dans le Pacifique, le vent monte jusqu'à 70 nœuds. Les creux dépassent le troisième étage d'un immeuble parisien.

Depuis le départ, je passe chaque jour beaucoup de temps sur l'ordinateur. J'étrenne MaxSea Time Zéro, le logiciel de navigation et de routage auquel j'ai contribué, dernier-né de la gamme. J'ai fait inclure de nouvelles couches dans l'algorithme de routage pour pouvoir prendre en compte des paramètres comme la hauteur des vagues et leur vitesse de déplacement. La machine calcule ensuite la meilleure route en fonction des performances théoriques du voilier, des prévisions de force et de direction du vent, des vagues et des courants. Le module *sailset* prévoit les changements de voiles. Trop facile, me direz-vous ! Si le calcul est bon, les données ne le sont pas forcément : les prévisions peuvent s'avérer décalées par rapport à la réalité et m'empêcher de mener le bateau au potentiel prévu. Il faut donc garder un regard critique sur ce résultat pourtant très lisible et graphique. Et puis, rien ne remplace l'expérience : le meilleur logiciel du monde ne serait pas d'une grande utilité pour un navigateur novice.

Le 12 janvier, je tire des bords au large du Brésil. La vitesse est retombée. Je suis en tee-shirt, j'ai gagné une vingtaine de degrés. Je suis au près, au près, au près… Mon Bilou, derrière, s'accroche. Je photographie les couchers de soleil, ce qui énerve Régine qui trouve que j'envoie toujours les mêmes photos…

De: FONCIA2
Env: 13 janvier
À: teamfoncia
Cc: directioncourse
Objet: Coucher de soleil

Quand vous en aurez marre, de mes couchers de soleil, faut le dire !
Moi, je ne m'en lasse pas, c'est quand même mieux que le mur de l'immeuble d'à côté vu par la fenêtre de 30 par 30 de vos toilettes !
Ben oui, c'est aussi la vue que j'ai, de mon bureau, de ma cuisine, de mes toilettes, de la salle des machines, etc. Vue imprenable, ils disaient dans l'annonce ! Je confirme, on a beau prendre des photos, on n'arrive pas à tout mettre dans la petite boîte.
Bon, l'inspiration manque, fait défaut, est partie en vacances, elle n'a même pas fini le Vendée Globe, elle m'a laissé là, comme une âme en peine, tout penché que je suis, et que je vais être pendant encore plusieurs jours, comme si c'était mon destin de

tourdumondiste que de me débrouiller de tout. Oui, ça y ressemble…
Mich

La bordure anticyclonique est récalcitrante et *Foncia*, au large de Rio de Janeiro, n'a toujours pas touché les alizés de sud-est. Pendant ce temps, Armel Le Cléac'h file à 16 nœuds. Il réduit ainsi son retard de 10 milles par heure. Encore à 785 milles il y a quelques heures, le voilà désormais remonté à 714 milles. C'est ce qu'on appelle des coups d'accordéon.

À terre, le jury de la course a tranché : Le Cléac'h se voit crédité de 11 heures de bonus, pour avoir porté secours à l'un de ses camarades. Vincent Riou, lui, a « agi en bon marin » lors de sa manœuvre d'assistance. En conséquence, son bateau endommagé (« dommage qui ne peut être imputé à une faute de sa part »), contraint à l'abandon, se voit attribuer la place de troisième au classement final. C'est bizarre de se dire qu'un concurrent va être classé sans avoir coupé la ligne d'arrivée, mais c'est le jeu.

Bilou revient à 241 milles. Moi, je me traîne dans des molles.

La fatigue est là, mon esprit s'en ressent : je grince et m'agace rapidement. Les grains m'ont joué des tours. Je ne progresse plus bien. Une fois, en Figaro, j'étais tellement énervé que j'ai balancé une manivelle de winch au fond du cockpit. Elle a rebondi plus haut que moi. Sur *Géant*, j'ai aussi réussi à casser une pièce de winch. Depuis, j'essaie de contenir mon énervement. J'essaie…

Entre les Malouines et la latitude de Salvador de Bahia, la zone est semée de pièges. Les vents qui descendent de l'Uruguay, la proximité des Andes, les chaleurs subtropicales créent des masses d'air qui s'affrontent. Le chaud faisant collision avec le froid, les dépressions se succèdent. Malheureusement pour moi, je suis tombé entre deux couloirs de vent, je patine, je fais du surplace. Je n'ai pas d'adversaire proche pour me motiver et rester concentré. Je suis seul au milieu de l'Atlantique. Je gamberge. J'ai besoin des alizés. La route est encore longue.

Seize ans plus tôt, lors de ma première transat en solitaire, sur mon petit bateau de 6,50 mètres, j'en ai passé du temps à gamberger à la recherche des alizés. J'ai même écrit dans le petit carnet à spirale qui me tenait lieu de livre de bord, au milieu de considérations techniques et de notes sur les quelques informations météo que je parvenais à glaner, que je ne ferais jamais le Vendée Globe : trop long, trop seul…

Un jour, en passant faire la Transmanche, qui partait de l'Aber Wrac'h, j'ai, en effet, repéré un 6,50 mètres au mouillage. Un plan Fauroux de 1988. Visiblement peu entretenu. Le propriétaire, un ami de Jacques Caraës, est prêt à le vendre. C'est le coup de foudre, la folie de l'instant. Avec Régine, nous rassemblons nos économies. Jean, mon frère aîné, accepte de me prêter ce qui nous manque. J'ai décidé de courir – enfin – la Mini-Transat dont je rêve depuis que j'ai 17 ans… Je ramène le bateau à Port-la-Forêt, démonte tout ce qui est possible et met la coque à nu. Je vends le gréement et les voiles, pas assez sophistiqués à mon goût, remise la quille dans un coin… et pars courir mon deuxième Figaro.

Mi-août, au retour de la course, on attaque les travaux, dans le hangar de CDK déserté pour cause de congés d'été. Le départ est prévu pour le 15 septembre. Pendant un mois, aidé par mon frère Bertrand et une bande de potes, dont Jean-Paul Roux, nous travaillons sans relâche. J'ai imaginé le plan de pont, le gréement et surtout une quille basculante. Ce sera la première dans le monde de la course au large. Je suis persuadé de la pertinence de l'idée, mais je n'ai pas pris le temps de développer sa mise en œuvre, et l'étanchéité en fond de coque est un souci majeur. Nous procédons par « essais-erreurs », bonne vieille méthode qui n'est pas toujours la plus efficace… Mes deux frères, Hubert et Bertrand, sont de la partie. Après une semaine d'essais divers, et un peu avariés, il faut bien le dire, nous procédons à la fabrication d'une sorte de soufflet en caoutchouc, collé d'un côté au fond de coque, de l'autre à la quille. Au dernier moment, et bien nous en a pris, nous ajoutons une caisse, de la taille d'un aquarium de salon, collée à la coque autour de l'appendice mobile : elle se remplira d'eau dès les premiers jours de course…

Avec très peu de préparation et de navigation d'entraînement, je rejoins le port de départ de Douarnenez. Pour le test de jauge, il faut coucher le bateau, tête de mât à fleur d'eau, la quille inclinée. Silence sur le port, c'est la première fois que les « ministes » voient une telle chose. L'étonnement alterne certainement avec quelques moqueries. La semaine qui précède le départ est très intense à bord de *Fouesnant Baie de la Forêt*, amarré à couple de deux Figaros servant l'un d'atelier et l'autre de dortoir. Le jour du départ, mon bout-dehors orientable, une première vite copiée, est encore collant. Bertrand l'a apporté du chantier le matin même. Il a fini la strat dans la nuit.

Le départ est donné, je cafouille, mais j'ai un véritable avion de chasse sous les fesses : mon joli bateau turquoise est en tête à la première bouée. Au passage du raz de Sein en fin de journée, le deuxième est 100 mètres derrière moi et, quand je vais me coucher, vers 1 heure du matin, je ne vois plus son feu de tête de mât. Mais mon manque de préparation me coûte cher. Le lendemain matin, je casse un safran, fais demi-tour et rentre à Port-la-Forêt pour réparer. La réparation recasse à 60 milles de La Corogne : je dois faire escale et attendre sept jours, le temps que CDK fabrique et achemine ici une paire de safrans indestructibles. Quand je repars, après une tempête terrible, le premier, un certain Damien Grimont, est déjà arrivé aux Canaries, terme de la première étape.

Pendant la deuxième étape que je gagne en 21 jours, je me suis retrouvé seul au milieu de l'océan.

Je ne savais pas où se trouvaient mes adversaires. Nous avions seulement une petite radio VHF qui ne servait plus à grand-chose, tant les voiliers étaient éparpillés sur le plan d'eau. J'ai traversé psychologiquement une période délicate. Je partais pour une compétition, contre des concurrents, et je me retrouvais dans la position d'un aventurier. Coupé du monde. Je ne m'y étais pas préparé et je sortais de deux saisons sur Figaro, qui est tout le contraire.

La traversée m'avait alors semblé si dure, si solitaire, si vide, que j'ai envisagé de ne pas continuer. Je ne savais pas où étaient les autres, quelle était leur position sur l'échiquier océanique. J'étais déconnecté.

C'est la première fois que j'ai songé réellement à quitter la mer, à faire autre chose. Ce n'était pas une course, mais une navigation. J'aime être seul, mais en sachant que je me mesure à d'autres. J'adore décider seul, mais aller plus vite que les adversaires. Faire du bateau en solitaire, oui ; faire de la navigation en ermite, non !

Je tire des bords à vitesse réduite vers l'anticyclone de Sainte-Hélène.

Derrière, ça bastonne.

Arnaud Boissières, porté par la tempête, a atteint une vitesse de 30,2 nœuds. Couché deux fois par des vents de plus de 60 nœuds, il a bien cru démâter. Dee Caffari a déchiré sa grand-voile. Sa description des conditions est sèche : « Toujours aussi horrible. » Désormais, elle avance avec quatre ris. Le lendemain, elle avoue que son moral est atteint. Armel Le Cléac'h bute dans les petits airs que j'ai moi-même subis, il peste sans doute comme moi un peu plus tôt. Chacun son tour. Guillemot, de son côté, a passé des heures dans son mât, par des vents violents et, de surcroît, glaciaux. Il repart. Chapeau !

Bilou, lui, m'énerve. J'ai de l'avance, certes, mais il me colle aux basques.

15 janvier 2009, une tempête exceptionnelle est annoncée sur le cap Horn. Pour mes camarades du Vendée Globe, le détroit de Lemaire va devenir infranchissable. Météo France donne un conseil : « Rejoindre un abri sous la Terre de Feu. » Pour les trois skippers qui sont dans ces parages, Brian Thompson, Arnaud Boissières et Dee Caffari, le rodéo va être sévère. Ils doivent chercher, d'urgence, des coins moins battus par le vent et la houle. Thompson, devant le danger, fait demi-tour, Arnaud Boissières se dépêche d'avancer, tandis que Dee Caffari, avec sa voile déchirée, avance mal. En bonne Britannique, elle reste stoïque. Elle passera tout près du centre dépressionnaire.

À la vacation, je m'inquiète de leur sort. Ma situation est beaucoup plus enviable que la leur. J'ai passé la nuit à tirer des bords dans des grains assez capricieux et pas très agréables, mais rien de méchant.

J'ai 15 nœuds de vent et je suis quasiment sur la route pour monter vers le Pot au Noir.

Je commence à avoir envie de retrouver les miens.

# 10

16 janvier. Le trio pris dans la tempête s'en est sorti. Thompson a tiré des bords carrés à moins de 3 milles du rivage, caché sous l'île des États, et Dee Caffari a préféré attendre près de l'île Diego Ramirez. Ils ont pris du retard, mais pas de risque, en bons marins. Bilou, lui, ne lâche rien. Il avance bâbord amure décalé dans l'est. Il a donc un meilleur angle de remontée que moi, et espère accrocher les alizés. À la vacation, il s'étonne de ma faible progression.

À Paris, Jean Le Cam et Vincent Riou donnent leur conférence de presse, très attendue. Jean raconte les heures passées, le bateau retourné, dans la soute à voiles : « Je revenais, de temps en temps à l'arrière pour récupérer une caisse de nourriture, de l'eau, une couverture de survie… Je faisais mon petit marché ! » Jean a un humour et un sens de la formule qui n'appartiennent qu'à lui. Il a quelque chose d'un acteur de cinéma version Pagnol, l'accent breton remplaçant le provençal. Après s'être signalé à Vincent à l'aide d'un petit drapeau passé par le passe-coque, il a pris la décision de sortir de sa coque retournée par la trappe de survie : « Vincent a vu des trucs sortir par la trappe car j'ai dû pousser du matériel pour passer, et là il s'est dit : ça y est, c'est l'accouchement ! » Un accouchement risqué, puisqu'il s'est retrouvé accroché à l'arrière du bateau, dans sa combinaison de survie, ballotté par les mouvements de la mer et du bateau. Il faudra quatre passages à Vincent avant de le récupérer, abîmant son outrigger dans la manœuvre, ce qui causera quelques jours plus tard le démâtage de *PRB*.

Pendant ce temps, Raphaël Dinelli et Norbert Sedlacek, les deux derniers, se sont donné rendez-vous dans le Pacifique. À vue l'un de l'autre, ils se filment, en voisins amicaux.

Après le passage du Horn, les difficultés de Bilou et les abandons de Jean et Vincent, les journalistes tentent de me faire avouer que j'ai course gagnée. Je sais que je suis devant, mais, tant que la ligne d'arrivée n'a pas été franchie, je ne suis pas vainqueur. Jusqu'au dernier centimètre, au dernier millimètre, je ne suis qu'un concurrent parmi les autres. Ils insistent, cela m'énerve. Si j'avais dit que la course était gagnée, on m'aurait accusé de fanfaronner ; là, on me reproche presque de cacher ma joie. Quoi que je fasse, quoi que je dise, rien ne va ! De fait, je suis impatient. Sans cesse sur les réglages. J'avance à 14 nœuds de moyenne. Je sais qu'à n'importe quel moment, tout peut arriver. Je reste en mode compétition.

Sur un bateau, les choses s'abîment, se détériorent. Les structures souffrent. Des fissures apparaissent. La machine travaille. Je prends des notes.

L'anticyclone n'en finit pas. Le temps s'étire. Je communique souvent avec la terre. Les vacations sont des instants privilégiés. Les échanges avec l'équipe de journalistes du PC presse, animée par Pierre-Louis Castelli, sont des moments de détente, même si je reste toujours un peu sur la défensive, ne voulant pas trop me dévoiler. Ce sont aussi des moments où on glane toute sorte d'informations si on sait lire entre les lignes…

J'appelle Jean-Paul pour discuter. Il me raconte les potins de Port-la-Forêt. La terre commence à me manquer.

```
De: FONCIA2
Env: 16 janvier
À: teamfoncia
Cc: directioncourse
Objet: La nuit où les dragons ont peur

Au Centre d'entraînement Finistère Course au
large de Port-la-Forêt, un Point Info sur le
Vendée Globe permet aux passants de se tenir
informés des performances des poulains du
Centre, les 5 premiers actuellement (6 avec
```

Vincent), pas moins ! Kate y a mis un livre d'Or…
Ewen, 3 ans et demi, a dicté à sa mère :
« Depuis que Maman a mis Michel Desjoyeaux dans ma chambre, le dragon il a peur et il est parti et moi, je peux dormir tranquille ! »
Il est pas joli ce message ? C'est rassurant, je fais moins peur aux enfants que les méchants dragons…
On va l'appeler « le livre dort » !
Bonnes nuits, Ewen,
Mich

Je n'ai pas trop d'appétit. Il fait chaud. Je me force à manger, mais je n'en peux plus des plats lyophilisés. J'ai envie d'aliments frais.

Dans mon fauteuil à billes, j'essaie de prendre mon mal en patience. Je pensais être tiré d'affaire, mais j'ai pris des grains à répétition qui m'ont obligé à virer de bord sans cesse, me demandant à chaque fois si c'était pour dix minutes ou une heure, s'il fallait matosser ou non. Avec en plus, la mer croisée et le bateau qui tape.

De: FONCIA2
Env: 17 janvier
À: teamfoncia
Cc: directioncourse
Objet: Mot de la nuit, maux de l'ennui

Salut,
J'avoue que je préfère largement cette nuit à la précédente et à la journée d'avant. Tirer des bords dans des gains sans en connaître la fin, avoir l'impression de progresser à coups de piolet n'est pas passionnant à la voile ! Progresser à moins de 10 nœuds, vitesse somme toute pas ridicule, ne me plaisait guère, mais me rappelle une histoire vécue. Lors d'une « régate amicale », pendant un grand prix en Figaro, j'embarque un grand patron du coin, une sommité, une tronche bardée de diplômes, son « aide de camp » lui avait dit avant de partir : « Vous êtes avec Desjoyeaux, c'est le meilleur, il gagne tout en ce moment. » On prend le départ, qu'on vole, on revient couper la ligne, et on finit 15e, je crois. Pendant la régate, en équipage, le gars n'a touché à aucun bout, pas posé une question, est resté papoter avec son pote qu'il avait fallu embarquer !
Arrivés au port, son « aide de camp » l'attend : « Alors, président, ça s'est bien passé ? » Réponse froide et cinglante : « J'aime pas les classements à deux chiffres. » Pas un merci, pas un regard, rien.
Eh ben moi, j'aime pas les vitesses à un chiffre, voilà, nah !
Et aujourd'hui, ça va, j'aime !
Bon week-end !
Mich

Le 19 janvier, je me traîne à 4 nœuds, ballotté par une mer croisée. Il faut rester calme, mais ce n'est franchement pas très marrant. Sacré Pot au Noir qui fait voir rouge et parfois broyer du noir. Ici, les grains sont toujours un mystère. Une masse nuageuse s'approche, mais, tant qu'on n'est pas dessous, difficile de savoir s'il y aura du vent et de la pluie ou ni l'un ni l'autre. Le Loto sans la cagnotte.

Le 20 janvier à 5 h 14 du matin, alors que le soleil se lève timidement, je franchis la fameuse ligne qui coupe horizontalement le globe en deux. Me voilà revenu dans l'hémisphère Nord.

De: FONCIA
Env: 20 janvier
À: teamfoncia
Cc: directioncourse
Objet: EQUATOR MI AMOR

Bon, ben ça, c'est fait ! Ce n'est plus à faire, puisque c'est fait !
5 h 14'10", ce mardi 20 janvier 2009, *Foncia* coupe l'équateur pour la deuxième fois dans ce Vendée Globe, et à vive allure, en plus ! Je crois que j'avais pas payé le péage à la descente, normal, y avait personne dans la guérite ! Là, y m'ont pas raté, j'ai cotisé, pour 2 !
Mich et son fidèle coursier.

Je change deux éléments sur le parc batterie bâbord. Le parc tribord a déjà eu un lifting il y a quelques jours. Mes batteries sont constituées de quatre bandes de douze éléments unitaires. L'intérêt du système qu'on a imaginé, c'est qu'on peut remplacer les éléments défaillants un par un, ce qui est impensable avec une batterie monobloc. Depuis deux jours, je garde juste le pilote automatique et les instruments de navigation. Je me rationne pour garder du carburant jusqu'au bout.

J'en profite aussi pour réparer, recoudre, récurer. Le principe de base du solitaire, c'est que tout matériel cassé doit être remis en état de marche le plus rapidement possible. Laisser les choses, les renvoyer à plus tard, c'est se condamner aux ennuis ou aux accidents. Or j'ai laissé les tâches s'accumuler. Ma paresse m'a joué des tours, je vieillis. La sous-barbe, sous le bout-dehors, est à nouveau en perdition, l'axe de retenue doit reposer par 3 000 mètres de fond ; à force de bouger dans l'étrave, elle est devenue molle et s'est abîmée. Du coup, je suis obligé de tout démonter, de faire coulisser le câble pour déplacer le point d'usure et de le retendre. C'est du boulot que j'aurais pu m'épargner.

Effet accordéon oblige, Bilou m'a repris 159 milles et pointe 334 milles derrière moi. Armel, toujours troisième sur *Brit Air*, est à plus de 1 000 milles. J'ai du mal à croire à ce scénario incroyable. *Foncia* a 21 heures d'avance sur le temps de référence établi par Vincent Riou il y a quatre ans. Je m'interdis de penser plus loin. Il reste encore une quinzaine de jours de navigation. Je ne veux pas me projeter. Je m'oblige à avancer au jour le jour.

Enfin, les alizés !

Je progresse désormais à 13,4 nœuds. Les affaires reprennent ! C'est désormais mon Bilou qui bute dans le Pot au Noir et qui bataille dans les petits airs…

Après notre retour du bout du monde, c'est encore ensemble, avec Bilou, que nous avons vécu nos dernières années de bohème. Pendant trois ans, nous avons écumé les plans d'eau, multipliant les régates côtières sur le circuit européen, à bord des Formules 40, ces multicoques de 12 mètres survitaminés. Nous vivions comme des romanichels, toujours sur les routes ou les mers, avec tout juste le minimum. Les frais de fonctionnement de nos bateaux étaient pris en charge par les sponsors, mais nos frais de fonctionnement à nous étaient encore assurés en grande partie par nos familles respectives : quand nous enlevions nos bottes, nous mettions les pieds sous la table. Ma mère était toujours heureuse de me nourrir.

Les Formules 40 étaient nés à la demande du journal *Le Figaro*, qui voulait se renouveler et accompagner le progrès. Ils sont à l'origine de la plupart des évolutions qui ont boosté les trimarans. Allongement des flotteurs à la longueur de la coque centrale et augmentation de leur volume, présence d'un safran par coque, arrivée des foils sous les flotteurs. C'étaient, à la façon des Mini-

Transats, des laboratoires flottants, la vitesse en plus. Malheureusement, privés de course au large, parce que bien petits face aux océans, ils n'ont pas pesé lourd dans la balance médiatique, plus attirée par les grands espaces et le solitaire. L'aventure s'arrêtera en 1989, mais, avec Bilou, on en aura bien profité.

Grâce à Jean Le Cam et CDK, nous avions récupéré son « vieux » Formule 40, *Biscuits Cantreau*, premier du nom, que nous remîmes au goût du jour, à la force du poignet et à la sueur du front. Sans budget, aidés par les promoteurs du circuit F40, nous inscrivîmes le bateau. L'une des régates était organisée à Boulogne. Tout se passa bien. Bon départ, bonne vitesse, Bilou à la barre, moi à l'écoute de grand-voile. Je reborde un peu, la coque centrale décolle de l'eau, le bateau accélère. Et le mât casse. Le château de cartes s'écroule, notre monde aussi. Les heures passées au chantier, le mât rallongé de nos mains, tout nous revient en pleine figure. Nous rentrons au port, en remorque, mais, vu nos faibles moyens, pas question d'abandonner le gréement en mer. Le canot de sauvetage de la SNSM retourne en mer pour crocheter le mât et le ramener. Nous attendons. Quand la grue, enfin, vient déposer le paquet à nos pieds, sur le quai, c'est un magma inimaginable. Les tubes d'alu sont tordus, les voiles hachées, les câbles de haubans pliés, les cordages râpés, et la vase, noire, partout.

Il ne reste rien. C'est fini.

Ce soir-là, j'ai pris la plus belle cuite de ma vie.

Je n'ai jamais renouvelé l'expérience.

Mais l'année 1989 a été un tournant important dans ma vie de marin. Cette année-là, en remportant la sélection Skipper Elf, j'ai changé de statut. J'ai quitté mon costume de second, d'équipier ou de préparateur technique pour devenir officiellement skipper de mon bateau. Cette épreuve était à la voile de compétition ce que le volant Elf est à la Formule 1. Le vainqueur se voyait attribuer un bateau pour courir la Solitaire du Figaro, avec le budget de fonctionnement correspondant, pour une année. C'était l'occasion unique d'obtenir un soutien financier sur le seul critère de sa compétence nautique, et non de ses relations ou de sa capacité à se vendre. On était jugé sur pièces, au terme de deux épreuves, l'une en solitaire et l'autre en équipage, mais il fallait disposer d'un bateau. Jimmy Pahun, l'une des figures du Tour de France à la voile, m'offrit de me prêter le sien pour disputer l'épreuve en solitaire et m'invita à son bord pour participer à celle en équipage, comme équipier d'avant.

La partie solo de la sélection consistait en une série de régates qui duraient quatre jours sur le plan d'eau de La Trinité-sur-Mer, avec des bateaux qui disputaient à l'époque le Tour de France à la voile, appelés Sélection. Disposant de revenus assez limités, nous logions, Régine et moi, dans le bateau. Régine faisait office de préparatrice et n'hésitait pas à plonger le matin pour caréner le bateau avant les régates. Aujourd'hui, elle se demande comment elle a pu faire des choses pareilles !

Rapidement, nous avons fait connaissance avec notre voisin de ponton, un certain Jean-Paul Roux, qui préparait son Sélection pour le Tour de France à la voile. Logé dans une grande maison mise à la disposition de l'équipage par son sponsor, il y était seul en cette période de préparation technique. C'est tout naturellement qu'il proposa de nous héberger, les nuits étant plutôt fraîches en Bretagne au mois d'avril. Ce fut le début d'une longue histoire d'amitié. Nous ne nous sommes jamais perdus de vue.

La Solitaire du Figaro, ancienne course de l'Aurore[1] se courait à une époque sur des Half tonners[2], des bateaux d'environ 9 mètres, assez sophistiqués, coûteux à fabriquer, mais lourds et lents. Elf en avait fait construire un premier sur plan Briand, puis un deuxième, identique à celui d'un certain... Alain Gautier, dans les chantiers B&B de La Trinité-sur-Mer. Dans leur catégorie, c'étaient des prototypes, en avance technologiquement sur les autres bateaux de l'époque – ils étaient d'ailleurs surnommés les « McLaren des

1. Cette course a été créée en 1970 par l'écrivain, journaliste et chroniqueur à *L'Aurore*, Jean-Michel Barrault.

2. Cette appellation correspond à une jauge calculée : toutes les caractéristiques des bateaux sont mesurées. Selon la note obtenue, ils sont classés dans telle ou telle catégorie : Mini tonner, Quarter tonner, Half tonner, One tonner, Two tonners.

mers ». Construits à l'unité, ils devenaient vite obsolètes, au gré des développements architecturaux et des techniques de construction de plus en plus complexes. Dans de telles conditions, les résultats étaient largement conditionnés par la qualité du matériel dont pouvaient disposer les participants.

C'est à partir de 1990 que la Solitaire du Figaro s'est faite à bord de monotypes. Les bateaux sont devenus des bateaux de série : même coque, même accastillage, mêmes voiles, même équipement électronique à bord. À la décoration près, rien ne les distingue les uns des autres. Désormais, les concurrents se battent à armes égales. C'est ce qui fait tout le charme de cette course unique : elle donne la prééminence à l'homme sur la machine. C'est le marin qui fait la différence.

Plus rustiques, relativement économiques, les bateaux construits par Bénéteau deviennent accessibles à un plus grand nombre de navigateurs qui ont l'ambition et la volonté de courir en solitaire. Pour les amateurs éclairés, c'est aussi la chance de pouvoir se mesurer aux têtes d'affiche. L'année 1990 sera la seule où les deux catégories de bateaux courront en même temps. Après avoir profité en entraînement du Half tonner, Elf Aquitaine décidera finalement de me confier un Figaro flambant neuf.

Le Figaro est un formidable tremplin. Cette compétition avait à l'origine un nom plus poétique. Elle s'appelait la Course de l'Aurore et c'est ce qu'elle fut réellement pour nombre de grands navigateurs. Y participer revenait à passer une sorte de brevet d'aptitude à la course au large. Elle est restée un passage obligé. « Cours ton Figaro d'abord ! », pourrait être une injonction faite à ceux qui veulent se risquer seuls au grand large.

Cette régate offshore a vite acquis ses lettres de noblesse parmi les grands rendez-vous des solitaires. Chaque année, quarante à cinquante navigateurs s'y engagent. Parmi eux, des « accros » pour qui elle est devenue une véritable drogue. Jean-Paul Mouren, par exemple, en est à sa vingt-deuxième participation et il n'a pas encore décidé de jeter l'ancre. De mon côté, je ne l'ai courue « que » dix fois. Je me souviens par cœur de la combinaison de mes résultats : 4-2-1-12-2-5-1-3-2-1 – trois victoires, quatre podiums, neuf places dans les cinq premiers.

L'épreuve se déroule autour des côtes françaises, espagnoles et irlandaises. Elle compte quatre étapes de trois à cinq jours, entrecoupées chacune de deux à trois jours d'escale. Le classement s'effectue en temps, celui de chaque étape s'additionnant pour le général. C'est celui qui a mis le moins de temps sur l'ensemble du parcours qui est vainqueur.

Le Figaro est une course particulièrement éprouvante. Les étapes sont courtes et la gestion du sommeil prend une importance capitale. Les concurrents, qui naviguent souvent à vue les uns des autres, s'autorisent peu de repos, ou oublient tout simplement d'en prendre. Il n'est pas rare que certains soient victimes d'hallucinations. En 1998, l'année de ma deuxième victoire, j'ai vu de mes yeux Vincent Riou à bord... En pleine mer d'Irlande, le vent faible et le courant contraire m'avaient contraint de mettre l'ancre. Nous étions partis de Cherbourg quatre jours plus tôt, et je me souviens lui avoir dit, comme si on était en double et que l'heure de son quart arrivait : « Je viens de mouiller l'ancre, réveille-moi quand le vent reviendra. » Or il était à plusieurs milles de là et, sauf téléportation, il ne pouvait être avec moi : j'étais bel et bien en solitaire... Je me suis réveillé deux heures plus tard, le vent était rentré. Groggy d'avoir trop dormi, je me suis battu pour relever le mouillage le plus vite possible, au point de me brûler les mains, non pas avec le cordage, mais à cause d'une méduse urticante qui s'était repliée sur le filin. Les voiles à nouveau établies, je me suis mis à avancer à un demi-nœud. J'aurais été plus vite à pied. Ou j'aurais pu rester dormir...

Le Figaro est sans nul doute la course en solitaire qui exige le plus haut niveau sportif. Impossible, quand on y participe, de se mentir à soi-même. On est face à sa vérité. C'est là que j'ai découvert mes propres capacités. Mon frère Hubert, plus âgé que moi, aurait bien voulu faire de même. Lorsque Jean Le Cam prit le départ de cette prestigieuse régate, il l'aurait volontiers suivi dans l'aventure, mais notre père y mit un veto absolu. Son autorité était telle que nul d'entre nous n'osait outrepasser une certaine limite dans la désobéissance, encore moins transgresser les interdits formels.

Dans l'esprit d'Henri Desjoyeaux, cette course était inimaginable, presque inepte, tant les conditions dans lesquelles elle se déroulait mettaient, de son point de vue, délibérément en danger la vie ou l'intégrité de ses participants. Dans son esprit, elle ne pouvait manquer d'être interdite car elle était contraire à la philosophie même de la navigation qui impose qu'il y ait toujours une personne en veille sur le pont, exercice par définition impossible en solitaire sur plusieurs jours. La déception de mon frère fut certainement énorme. Faute d'être devenu compétiteur, Hubert est aujourd'hui un constructeur d'élite.

Pendant le Figaro, nous sommes tous amenés à « tirer sur la machine », notre corps, voire notre esprit, parfois jusqu'à l'excès. Au moment de la première guerre du golfe, les rumeurs les plus loufoques ont circulé, insinuant que des pilules antisommeil, utilisées par des soldats américains au Moyen-Orient, étaient, après un détour par des filières de contrebande, présentes dans certains cockpits. On disait qu'elles offraient une autonomie de veille de soixante-douze heures sans baisse de vigilance… Je ne sais pas si le bruit était fondé, mais si certains ont eu accès à ces produits, ils auraient dû nous mettre pas mal d'heures dans la vue. Il ne s'est rien passé de tel. En ce qui me concerne, le simple fait d'être dans une course suffit à produire le taux d'adrénaline nécessaire pour maintenir mon attention. En gros, mon corps fabrique lui-même sa dope. C'est plus économique, plus sain aussi. Et c'est autorisé !

Bloqué dans le Pot au Noir, Bilou ne peut qu'assister à l'échappée belle de *Foncia*. Calé dans les alizés de nord-est, j'avale les milles.

Ça saute, ça tape, ça mouille.

Le 25 janvier, mon avance passe la barre des 500 milles. Je réduis la toile devant et installe le petit foc pour pouvoir dormir sans manœuvrer toutes les dix minutes. Le vent est très instable, il passe de 18 à plus de 30 nœuds dans les grains. *Brit Air* passe l'équateur et trinque avec Neptune. Marc Guillemot sur *Safran* bataille dans des vents faibles au près, une configuration difficile pour lui qui est contraint de naviguer en permanence avec un ris du fait de ses problèmes de rail de mât.

À la vacation, sans l'avoir spécialement prévu, je révèle que j'ai eu de gros soucis techniques qui ont bien failli mettre un terme à mon Vendée Globe. J'évoque mon avarie de safran, sans livrer trop de détails. Comme je n'ai personne pour jouer à la belote ou au tarot, j'entame spontanément un petit jeu de devinettes avec les journalistes qui veulent en savoir plus sur mon avarie. Ce petit jeu durera jusqu'à l'arrivée…

# Chapitre 11

Toujours dans l'alizé, soutenu mais instable.

Il y a pas mal de grains et une mer assez casse-pieds, plus de face que le vent. Il ne me reste plus beaucoup de gasoil, je décide de rationner pour ne pas prendre de risques. J'ai une petite réserve de 30 litres. Profitant d'un instant de calme, je la verse dans mon réservoir, sans en jeter une goutte. Belle performance quant on sait le nombre de fois où, au cours d'une manipulation, je me suis retrouvé avec des flaques glissantes sur le pont et une odeur tenace pendant des jours. Mais pourquoi n'inventent-ils pas un fuel à l'odeur de mandarine ou de réséda. Manque d'imagination ?

J'économise un peu l'énergie et coupe l'ordinateur 80 % du temps, sauf au moment des classements, où j'en profite pour chercher des fichiers météo. Par chance, les choix stratégiques sont simples. L'anticyclone des Açores est *a priori* bien rangé. Je ne fais pas grand-chose. Je lis un peu. Le problème, quand on n'a pas grand-chose à faire, c'est qu'on a tendance à manger. Je vais devenir grassouillet si je continue.

Parfois, je m'imagine à Port-la-F, au bistrot du coin, en train de boire une bière bien fraîche avec les copains. Et puis, quelles sont les nouvelles du monde ? Le nouveau président américain, Obama, a sans doute pris ses fonctions…

Dee Caffari fête ses 36 ans sur son bateau. Bon anniversaire Dee ! Un petit duel oppose Marc Guillemot et Samantha Davies. Je gère mon tempo. Je croise quelques bateaux de pêche, rares. À la pointe du Brésil, j'ai été dépassé par un cargo de 200 mètres qui remontait vers l'Angleterre. Je l'appelle par radio et nous discutons pendant plusieurs minutes. Il était dans le golfe de Gascogne quand nous avons pris le départ. Il est parti aux Falklands décharger ses containers, et le revoici. À bord, ils savent tout de la course, notamment qu'une petite Anglaise est bien placée… Rencontre insolite.

Parfois, j'imagine la vie sur les bateaux anciens, à l'ère de la marine à voile. Pendant le dernier rassemblement de voiliers à Brest, j'ai navigué sur un magnifique yacht d'une vingtaine de mètres, avec du bois verni, du cuivre partout. Magnifique. Les sensations sont totalement différentes. À 8 nœuds, j'avais l'impression que le bateau allait se désintégrer ! Et il remontait contre le vent « comme la fumée », c'est-à-dire très mal. Et puis, tirer des bords avec un vieux gréement, c'est laborieux. À l'extrême inverse, mais tout aussi superbe, il y a les grands multicoques océaniques.

Le multicoque qui m'a procuré les plus belles sensations, c'est le trimaran *Géant*.

De 2002 à 2006, j'ai volé au-dessus de l'eau, atteignant souvent des vitesses proches de 40 nœuds.

C'était après le Vendée 2001. Je voulais retourner à mes amours, les multicoques. Je connaissais André Le Bourdais qui officiait dans les hautes sphères du groupe Casino, j'avais participé avec lui aux régates de la Grande Distribution, régates que nous avions gagnées. Il avait apprécié le compétiteur. L'homme aussi, je crois. Je suis allé le voir le priant de m'aider à ouvrir des portes chez ses fournisseurs. André me demande un dossier, puis me pose des questions complémentaires. Le temps passe. Toujours pas de rendez-vous à l'horizon. Enfin, un jour, il m'appelle et me dit, très sûr de lui : « Tu peux arrêter de chercher, c'est bon ! » Je demande : « C'est qui ? » Il me répond : « T'occupe, on vient te voir à Port-la-Forêt dans un mois ! »

Un mois plus tard, donc, je me rends à l'aéroport de Quimper pour accueillir un aréopage de cravatés. On visite le site – un trimaran en construction, un autre en chantier, un amarré au ponton… Et puis, nous partons dîner. La discussion est à bâtons rompus, j'annonce la couleur : « Un bateau, ça peut casser, démâter, perdre un gars en mer, chavirer… » Je préviens que la victoire n'est pas acquise, que les accidents peuvent arriver. Pas question de mentir. Ces gens ont investi dans le cyclisme, les problèmes de dopage les ont dégoûtés ; ils ont financé une équipe de basket, qui a connu des déboires financiers. Je me dois de les mettre face aux réalités, et tout de suite. Ils m'écoutent, réfléchissent. À l'heure du dessert, la question tombe : « Admettons qu'on se lance, comment fait-on ? » Objectif : la Route du Rhum 2002 et le circuit des 60 pieds de la classe ORMA, pendant cinq ans. J'attrape un porte-documents, j'en sors une disquette : « Voilà une proposition de contrat. Maintenant, si on veut être au départ de la Route du Rhum, il faut qu'Hubert commande trois tonnes de fibre de carbone avant la fin de la semaine prochaine ! Il faut commencer là, maintenant, tout de suite. »

Et c'est ainsi que nous avons construit *Géant*. Neuf mois de construction pour un trimaran superbe. Baptême somptueux. Les premières navigations ont lieu deux semaines plus tard. Par un beau vendredi ensoleillé et bien venté, sortie d'essai. Nous sommes en train de doubler la pointe de la baie quand une rafale me cueille. Le mât casse. À mi-hauteur et en quatre morceaux. Jean-Luc Nélias, venu nous espionner amicalement, nous ramène en remorque avec son bateau à moteur. Chemin faisant, il grille son moteur…

La Route du Rhum a lieu début novembre. Le compte à rebours est donc serré. On recommence. Hubert, mon frère, est mis à contribution. Il reprend les plans, désosse ce qui est possible, revoit tout. Nous reconstruisons. Fin septembre, le nouveau mât est là, un peu moins rigide, mais plus solide. On l'installe. Je fais mon parcours de qualification pour le Rhum, suivi par satellite. Quelques heures plus tard, le système hydraulique qui commande les safrans des trois flotteurs tombe en panne : j'ai perdu le parallélisme des barres. Je fais demi-tour. On essaie de bricoler un nouveau truc. Qui tombe en panne, lui aussi. Nous changeons tout le système, avec une commande mécanique. Je repars. Je n'ai plus le temps de choisir une fenêtre météo. Parcours imposé, météo obligée. Après une journée et demie vers le nord-ouest, je mets le cap au sud, tandis qu'une dépression se rapproche inexorablement. À mi-distance de ma descente vers la pointe d'Espagne, les rafales atteignent 60 nœuds. Travers au vent et à la mer, je fuis. Une vague arrive, j'entends un craquement, la vie en furie continue. Sur le chemin du retour, au calme, je regarde derrière : une baleine me suit. Elle veut jouer à Moby Dick peut-être. Je suis à 25 nœuds, je n'ai pas le temps de m'amuser avec elle. J'accélère. Je la sème.

J'arrive de nuit aux Glénan, alors que le vent forcit à nouveau. Rentrer dans le port avec un engin pareil, de nuit et avec ce vent-là, pas question. Le mât-aile à lui seul, représente déjà 20 mètres carrés, la surface d'une voile de gros temps. Je préfère patienter à l'abri de l'archipel, d'autant que l'équipe technique est partie au mariage de Sophie et Vincent Riou. J'attends que le vent tourne et faiblisse, en faisant des zigzags en mer. La nuit passe. Je fais des huit avec le sillage.

Finalement, le vent tourne, les gars arrivent, je me mets au mouillage, je bois mon café. On m'apporte des croissants. Quelqu'un dit : « Mich, y a une fissure, là, sur le flotteur. C'est normal ? » Puis, un peu plus tard : « Mich, y'en a aussi sous les bras de liaison. C'est normal ? »

Je ne panique pas. Le parcours de qualification est validé et j'ai beaucoup appris. Il nous reste quinze jours devant nous. Retour en chantier. Tout est démonté, réparé, renforcé.

Nous remettons le bateau à l'eau, nous plaçons le nouveau mât de 28 mètres, en pleine nuit sous les projecteurs. À la marée d'après, le vent sera à nouveau trop fort pour manœuvrer tranquillement. Le lendemain, tout est gréé. Nous partons en équipage pour Saint-Malo, où les concurrents sont déjà amarrés. Pendant le convoyage, je suis en solitaire sur le pont pour les besoins de la séance hélicoptère –, l'équipage s'est réfugié dans la cabine exiguë. Épuisé par le chantier de crise et les sauts de vagues, tout le monde vomit dans le même seau. Dehors, je ne fais pas le malin, je me concentre pour mener *Géant* vers sa première course.

L'entrée dans le bassin de Saint-Malo se fait à l'aube. Je découvre le spectacle des dix-sept autres trimarans, sous le feu des projecteurs. Instant magique.

J'y suis, je vais pouvoir faire ma première Route du Rhum.

Top départ.

Tout va de travers. Je me débrouille mal, je suis bon dernier. De surcroît, mes pilotes automatiques sont déréglés. Je fais escale à côté de Brest pour réparer. Quand je repars, les autres, qui ont déjà 100 milles de mieux que moi, entrent dans la tempête de plein fouet. Derrière, moi je l'évite. Escale à Madère pour vérifier les coques. Je suis à 800 milles du premier quand il chavire. Décidément, ce n'est pas la ligne de départ qui compte, mais la ligne d'arrivée.

Sur dix-huit concurrents dans la classe des 60 pieds multicoques au départ, nous serons trois à l'arrivée treize jours plus tard. Et je suis premier. Un ti-punch à la main, le directeur de Géant me demande : « Avec tous tes problèmes de préparation, Michel, pourquoi t'es-tu acharné comme cela ? » Les bras m'en tombent. Il est patron de vingt-trois mille collaborateurs, c'est lui-même un compétiteur acharné, je suis sûr qu'il n'aime pas perdre. Et il me pose cette question. Je lui réponds que tant que le départ n'était pas donné, je me devais d'avancer. Que si je n'avais pas continué d'essayer, j'aurai eu du mal à me regarder dans la glace, que j'aurais démotivé mon équipe, qu'on n'aurait pas pu rejoindre Saint-Malo. Et qu'on n'aurait pas gagné la Route du Rhum…

Avec *Géant*, les années qui suivront seront instructives, mais implacables. Gérer une équipe plus importante, apporter en permanence des modifications techniques sous peine de regarder les régates de derrière sont des situations qui font grandir. En équipage, nous n'avons brillé que lors de quelques régates – disons une à chaque grand prix. Outre mes victoires sur la Route du Rhum et la Transat anglaise, victoires en solitaire, ma grande satisfaction, en cinq années de compétition acharnée, aura été de n'avoir abandonné qu'une seule fois. Et encore, c'était pendant une manche de grand prix, la dernière de la journée : je souhaitais rentrer vite au port pour réparer et être opérationnel le lendemain.

Bilou perd du terrain.

Il améliore quand même le temps de référence établi par Vincent Riou pour le franchissement de l'équateur. Sur l'ancien *PRB*, rebaptisé *Roxy*, Samantha Davies, qui bénéficie de 32 heures de bonus après s'être déroutée pour le sauvetage d'Eliès, avance bien.

Lors du premier Vendée Globe, en 1989-1990, Titouan Lamazou avait été déclaré vainqueur sur *Écureuil Aquitaine II*, avec un temps de 109 jours, 8 heures, 47 minutes et 55 secondes. En 1996-1997, Christophe Auguin sur *Géodis* avait réduit cette durée à moins de 106 jours. La barre des 100 jours a été rapidement franchie : en 2000-2001, avec *PRB* je n'ai mis que 93 jours et quelques heures.

Cette fois, nous approchons des 80 jours.

En 1990, lors de mon premier Figaro, nous avons été pris, dès le départ, dans des vents forts. Les bateaux sont assez exigeants, durs à maîtriser, même s'ils sont rustiques. La première nuit est difficile. Dans le golfe de Gascogne, soufflent des vents portants soutenus. Je suis malade. Cela m'arrive parfois quand je n'ai pas eu le temps de m'amariner. Nous barrons dans le gros temps pendant une trentaine d'heures.

En longeant les côtes espagnoles, nous retrouvons le petit temps, mais dans le brouillard le plus opaque qui soit. Je ne vois pas plus loin que l'étrave. Difficile de naviguer dans ces conditions, même à l'estime. Nos moyens de repérage sont encore assez sommaires et, si le GPS a déjà fait son apparition, il est loin d'avoir la précision qu'il possède aujourd'hui. En outre, il n'est pas à la portée de toutes les bourses. J'ai la chance d'avoir pu embarquer celui du trimaran *Elf Aquitaine*.

J'entre dans la baie de Vigo. Quand j'arrive au port, épuisé, je suis heureux, je sais que j'ai reculé une frontière dans la connaissance de moi-même. Je me suis cramponné à la barre, je n'ai jamais eu la sensation d'être dominé par le bateau. J'ai compris que la volonté permettait, dans une certaine mesure, de compenser le manque d'expérience et de lutter contre l'envie de sommeil.

C'est la première fois que j'ai expérimenté le fait d'être seul en mer pendant plusieurs jours. Je découvre que cela me plaît. Ma situation de skipper Elf me place désormais sous le regard des médias. Moins à cause de mes exploits personnels, mon *curriculum vitae* est encore assez maigre, que parce que je suis issu de cette filière spéciale.

À la fin de la course, je termine quatrième au classement général, à 1 minute du troisième, et je remporte le classement bizuth, réservé à ceux dont c'est la première participation. Ce résultat a un vrai sens, parce qu'il s'agit d'une épreuve particulièrement dure. C'est une expérience qui marque. Si on ne l'a pas affrontée au moins une fois, on ne peut pas imaginer ce qu'elle représente. Exceptionnellement, Elf reconduit l'opération pour une deuxième année. Je suis désormais un figariste !

Pour ma deuxième participation, en 1991, je me retrouverai aux prises avec celui que les médias et les autres concurrents ont vite surnommé l'« extraterrestre ». Yves Parlier a, en effet, subi quelques revers l'année précédente. Vainqueur de la première étape, dernier de la deuxième, il a su tirer les leçons du passé. Il gagne cette fois haut la main les trois premières étapes. Tout le monde est sidéré par l'exploit. Mais, comme le Tour de France, le Figaro se joue par addition du temps effectué à chaque étape : tant que la dernière n'est pas courue, tout peut encore arriver.

Ses adversaires n'ayant plus rien à perdre, la lutte est âpre. La remontée du golfe de Gascogne se fait contre le vent et ressemble plus à une course de vitesse, il y a peu d'options à prendre. Yves, peu à son affaire avec de vieilles voiles, n'est pas au mieux et il doit se passer de son tangon, qui est tombé à la mer. Un concurrent, par radio, lui propose d'utiliser les cadres métalliques de ses couchettes pour remplacer l'espar absent. *Fair play* ou aide extérieure ? En tout cas, il survole les débats en fin stratège des brises du large.

Dix ans plus tard, je retrouverai Yves Parlier au départ du Vendée Globe 2000-2001. Il prendra la tête de la course à plusieurs reprises pendant le premier mois avant de démâter dans l'océan Indien. Cette avarie le stoppe dans sa course effrénée, mais il ne se résigne pas à l'abandon. Mouillant dans une crique de l'île Stewart, au sud de la Nouvelle-Zélande, il développe des trésors d'ingéniosité et de ténacité pour réparer son mât avec les moyens du bord. Le tout dans des conditions climatiques difficiles. Largement relayées, ces prouesses prendront une très grande ampleur médiatique. Un photographe professionnel viendra s'installer sur la côte, à proximité du bateau pour couvrir l'événement.

Bien malgré moi, ces événements m'ont valu un épisode médiatique plutôt désagréable à la fin du Vendée Globe 2000-2001. Alors que, après mon arrivée, je me trouve à l'autre bout du monde en vacances en famille, dans un taxi, un journaliste me demande à brûle-pourpoint comment je vis le fait que son exploit soit plus médiatique que le mien. Rapidement, la communication étant mauvaise, j'explique que nous n'étions pas dans la même catégorie, que j'ai gagné une course figurant à la rubrique sport et lui a accompli un exploit relevant plutôt de la rubrique faits-divers. Je voulais signifier que les deux événements n'étaient pas comparables et n'entraient pas en concurrence, ni sportivement ni médiatiquement. Mal m'en a pris. Suite et fin de mes vacances. De retour en Bretagne, je prends conscience de la (mini)tempête médiatique que mes propos, relayés hors contexte, ont créée. J'ai osé égratigner le mythe de l'aventurier des temps modernes ! Yves a finalement terminé le Vendée Globe en treizième position, en 126 jours, toujours en course. De mon côté, j'ai appris à me méfier des journalistes et de certaines de leurs questions…

En 1992, après deux années confortables dans le giron d'Elf Aquitaine et quelques résultats, dont une victoire dans la deuxième étape de la Mini-Transat, je me retrouve sans bateau et sans budget. François-Xavier Dehaye, monsieur voile chez Elf Aquitaine, ne m'abandonne pas pour autant. Il dépense même beaucoup d'énergie pour me mettre en relation avec d'éventuels partenaires. L'un d'eux, propriétaire d'un Figaro, pense à me le confier, mais tarde à se décider. À quelques semaines du départ, j'accepte donc de participer au Tour de France à la voile avec les élèves de l'École navale. Mon statut ? Homme à tout faire, mais peu importe, je suis enthousiaste. Les « deuxième année » sont sympathiques et dynamiques, les « première » un peu durs à dérider, mais, avec le temps, tout s'arrange.

Je parle « business » avec le pacha de l'École et négocie une rémunération fixe afin de mettre un peu de beurre (salé) dans mes épinards. En prime, je demande que le prix du passage à la première marque de parcours, pour chaque régate, me revienne si notre bateau le gagne. À ce « jeu des 1 000 francs » – c'est le montant de la gratification – nous serons systématiquement perdants… Depuis, par superstition, je refuse de négocier de quelconques cadeaux avec mes « officiers payeurs », je les laisse à leur bon cœur. Financièrement, au vu de mes résultats depuis, j'ai peut-être été perdant, mais moralement et psychologiquement, j'y ai certainement beaucoup gagné. Je n'ai pas une mentalité de chasseur de prime.

Mon partenaire finalement se décide, et me voilà à la barre de *Groupe Coupechoux*. Ce sera mon troisième Figaro. Le budget est limité, mais le sponsor très investi. De toute façon, j'y serais allé pour encore moins. Comme bien d'autres, le petit monde des figaristes bruite de rumeurs, d'intox et de légendes diverses. On prétend que les bateaux sont intrinsèquement plus ou moins « bons ». Très vite, on me murmure que le bateau n° 52, celui dont j'ai hérité, est un mauvais cheval, qu'il n'avance pas.

Première étape : je fais acte de présence, mais guère plus. Deuxième étape : je fais un début de course au son des fanfares de cornemuses, le long de l'Irlande, à l'assaut du redoutable Fastnet. En tête du peloton, l'esprit tranquille, je me laisse aller à admirer les paysages et à regarder les vaches paître tranquillement dans les champs dont les pentes viennent mourir dans l'eau. La radio me tire de mes rêveries champêtres : les premiers bateaux doivent se signaler à l'approche du phare. Il ne me reste pas moins d'une vingtaine de milles à parcourir. Le gros de la flotte, elle, a fait le tour de la paroisse par le large. Je pointe en trente-troisième position au phare du Fastnet ! Cela m'apprendra à faire de la poésie en mer ! Je râle ferme.

Tout n'est pas perdu, la route est encore longue, mais, pour l'heure, il fait nuit. Je règle les voiles et vais me coucher. Demain sera un autre jour... Mais, en pleine nuit, une mouche me pique et je remonte sur mes grands chevaux, décidé à reconquérir le terrain perdu. Équipé d'un récepteur de carte météo par fax – nous sommes deux dans la course équipés d'un tel appareil –, j'évite de justesse une zone de calme anticyclonique en baie d'Audierne. J'arrive enfin à Pornichet, en quatrième position. Résultat inespéré après mes musardises d'il y a à peine deux jours.

Pendant l'étape, Régine, enceinte de notre premier enfant, me rejoint. Je suis dans un état étrange. Plutôt content de mon classement, mais un peu frustré. Elle me provoque gentiment, me demande si je vais me contenter longtemps d'être « bien placé », si j'ai pris un ticket pour faire tous les ans le Figaro avec comme objectif d'être juste derrière les meilleurs. Intuitivement, elle sent qu'il y a quelque part un blocage. Et en parle avec Christian Le Pape, qui me coince à son tour. Le lendemain, je gagne la régate exhibition dans la baie de La Baule. Une régate exceptionnellement dotée d'un *prize money* important, en tout cas pour un couple de futurs parents absolument fauchés. Mais surtout, dans ma tête, les choses ont changé. Trois jours après, je rentre le premier dans le port de Gijon, au terme d'une troisième étape très disputée. La machine à gagner est en marche.

Je suis désormais à 20 minutes du premier au classement provisoire. Le leader, Dominic Vittet, déclare aux journalistes : « Desjoyeaux ? Il est encore jeune, il gagnera l'année prochaine. Cette année, c'est pour moi ! »

La dernière étape va se transformer en un *mano a mano* mémorable entre Jean Le Cam et moi.

La remontée du golfe de Gascogne s'effectue aux allures portantes, avec un vent fraîchissant. Lentement, mais sûrement, les concurrents « tombent » au fur et à mesure, n'arrivant pas à dompter leur Figaro sous spi. Ils réduisent les uns après les autres la toile, passant sous génois. Avec un spi, quand le vent est fort, un bateau se comporte de manière assez capricieuse, la poussée s'exerce à mi-hauteur de la voile, alors que la résistance à l'avancement se fait sous le niveau de l'eau. Tant que ces deux forces sont à la verticale l'une de l'autre, tout va bien. En revanche, s'il se crée un décalage trop important, le gouvernail ne peut plus corriger, et on finit inexorablement couché sur l'eau. Il ne reste plus alors qu'à affaler le spi, si c'est possible…

Au large de l'île d'Yeu, dernière marque avant la remontée vers Port-la-Forêt, nous avons fait le ménage, reléguant le troisième à plus de 30 minutes. J'apprends alors que Dominic Vittet, leader provisoire, a démâté quelques heures auparavant, dans une figure libre. Il avait, semble-t-il, près de 1 heure de retard sur moi, j'étais donc déjà leader virtuel.

Si j'avais su cela plus tôt, j'aurais peut-être réduit la toile. En effet, dans l'après-midi, pour marquer Le

Cam à la culotte et tenter de le distancer, je me suis livré moi aussi à quelques figures de haute voltige, bateau couché sur l'eau et spi claquant violemment. J'ai frôlé la mise au tapis.

La remontée vers la Bretagne aurait pu être une formalité, Jean étant à 40 minutes au classement provisoire, mais, contre le vent, il est un peu plus rapide que moi : je le vois doucement s'éloigner…

M'appliquant comme jamais pendant ces dernières 24 heures de mer, bien que fatigué, je fais de mon mieux. À l'entrée de la baie de La-Forêt, plus précisément dans les cailloux de la pointe de Trévignon, il a 30 minutes d'avance.

À une petite heure de la ligne d'arrivée, j'ai encore une chance, mais il faut rester concentré ! Sur bâbord, je vois Christian Le Pape, droit comme la justice sur son embarcation semi-rigide, l'air sombre et l'œil sur sa montre.

Jean franchit le premier la ligne d'arrivée, beau vainqueur de cette dernière étape mémorable à plus d'un titre : non seulement on a bien rigolé, mais on a montré et on a gagné à domicile ! Je remporte le classement général avec 9 minutes et 40 secondes d'avance.

Après 270 heures de course cumulées sur quatre étapes, c'est, à l'époque, un record[1].

1. Battu depuis, dans l'édition 2003, par Armel Le Cléac'h, vainqueur devant Alain Gautier de… 13 secondes !

Que de chemin parcouru. Que de milles nautiques avalés depuis les premiers bords que nous avons tirés ici, dans la baie de La Forêt. Que de rêves enfin réalisés.

Chez Jean, une énorme fête rassemble tous les coureurs.

J'ai 27 ans. Finie cette adolescence que j'ai promenée aimablement jusque-là. Désormais, j'entre de plain-pied dans l'âge adulte. Nous vivons encore à cette époque en colocation avec quelques amis, dont Luc Bartissol, mon préparateur sur ce Figaro, et Damien Grimont, tous deux rencontrés sur la Mini-Transat l'année précédente. Notre maison a été surnommée « la maison bleue » par Loïc Ponceau, bras droit de Christian Le Pape, en référence à la chanson de Maxime le Forestier. Sa façade est pourtant blanche, mais elle est effectivement toujours remplie d'amis. La naissance prévue de notre premier enfant mettra fin à cette joyeuse période. Nous estimons que nous ne pouvons imposer un bébé à nos « colocs » et déménageons dans un petit meublé. Dès le premier soir, Luc et Damien viennent sonner à la porte, penauds mais hilares. Ils demandent à partager notre dîner, trop tristes de se retrouver seuls à la maison. Seize ans après, nous dînons toujours régulièrement ensemble…

Une autre cohabitation m'attend : Jacques Caraës m'a, en effet, proposé de participer avec lui à la première Transat AG2R, en double sur Figaro. C'est la première fois que les Figaros vont traverser l'Atlantique, et nous ne savons pas très bien où nous allons. La première étape nous emmène jusqu'à Madère, puis cap sur l'île de Saint-Barthélemy, aux Antilles. J'ai une mission de première importance que m'a confiée Régine : trouver le prénom de notre premier enfant. Je n'ai pas intérêt à me tromper.

Un jour, avec Jacques Caraës, alors que nous sommes tous deux assis sur le pont par un bel après-midi ensoleillé, un bout de papier et un crayon à la main, nous griffonnons des prénoms en commençant par la première lettre de l'alphabet. Adrien devait être en haut de la liste. Mais c'est parfait, ça ! « A-dri-en », ça sonne bien !

Première mission remplie. La course, maintenant. Le départ de Lorient a été animé. Bilou et Jean-Luc Nelias, peu après le départ, ont eu un abordage, ce qui a occasionné un trou dans la coque à un endroit qu'on appelle communément la « cuisine » et qui comprend généralement un réchaud, une bouilloire et une gamelle. Dans leur batterie, les deux compères, en bons hédonistes, ont aussi emporté une poêle à frire. Elle s'est pliée en deux sous le choc !

Les premiers jours, nous sommes relégués assez loin des premiers, mais une bonne option au large de l'Espagne nous replace sous les feux des projecteurs et nous coupons la ligne d'arrivée de la première étape à Madère en deuxième position, à quelque 5 minutes des premiers. Un bon début avant la grande traversée : pas

ors d'une sortie d'entraînement au large des Glénan.
a photo préférée ! À 18 nœuds, à la poursuite d'un joli grain bien noir.

Quelques minutes après mon départ raté. Heureusement, c'est la ligne d'arrivée qui compte.

Un autre grain, bien sombre, dans le Pot au Noir.

Un des nombreux couchers de soleil que j'ai immortalisés. Moment de poésie et de contemplation dans ce monde de brutes, où la casse technique le dispute à la souffrance morale.

La réparation du bout-dehors ainsi que du safran et de son boîtier, remis en place avec un axe improvisé à bord, sont deux exemples de débrouillardise avec les « moyens du bord ». Sur un tour du monde sans escale et sans assistance, l'expression prend tout son sens !

Regardez ce pauvre oiseau dont le ventre est mazouté.
Encore un exemple des dégâts que peut faire l'homme.

Ci-contre, mer en furie, beauté dangereuse ou mer nourricière
Ici, l'œil et la conscience ne s'ennuient jamais

Quand le marin fuit ses préoccupations pour s'essayer artiste...

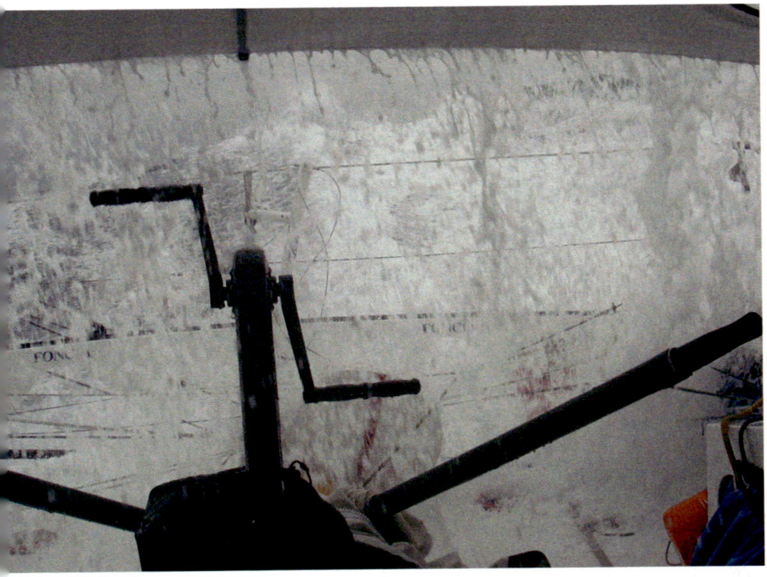

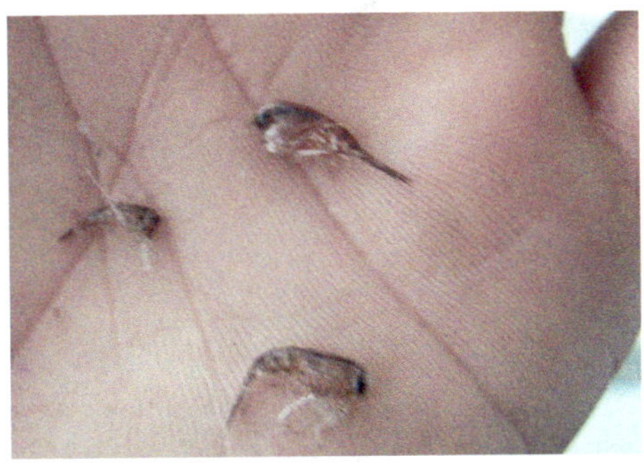

BANQU

Changement de décor.
Je ne suis plus seul sur l'eau.
Transition brutale vers
le monde des terriens.
Soulagement et bonheur
partagés.

es Broken Arms – surnom affectueux et impertinent de mon équipe – peuvent être fiers de leur avail. D'ailleurs, ils le font savoir.

Bien qu'en tête depuis plus de la moitié de la course, j'ai attendu de couper la ligne d'arrivée pour entériner la réalité d'un résultat final inconcevable 80 jours plus tôt.

Tout petit déjà !
Né au milieu des bateaux, avais-je le choix ?

La différence entre les enfants et les adultes ? L
prix des jouets plus que la façon de s'en servir

Quand l'écume des mers se transforme en accessoire de troisième mi-temps !

de pression, pas grand-chose à perdre et tout à gagner. Nous repartons pour la deuxième étape en départ décalé, après les 84 heures d'escale minimum requises – trois jours et demi en gros. Ce décalage un peu byzantin d'une demi-journée permet de limiter l'inégalité des chances face au vent car, à Madère, celui-ci dort la nuit. Les concurrents arrivés de jour repartent donc de nuit, et *vice versa.*

Aucun d'entre nous n'est équipé de moyen de transmission par radio ou satellite, le règlement l'interdisant, si bien que, 24 heures après le départ vers les Antilles, nous nous retrouvons sans visibilité aucune et sans possibilité d'évaluer la position. Nous traçons notre route au jugé, sans tactique. Seul le fax météo est autorisé, système archaïque qui crache des cartes peu lisibles sur du papier thermique. Piètre moyen pour choisir sa route à travers l'Atlantique !

À l'approche du nord de la Guadeloupe, où nous avons une marque de parcours avant de mettre cap au nord vers Saint-Barthélemy – le deuxième prénom d'Adrien, le « Saint » en moins ! –, nous avons un contact visuel avec l'un des concurrents, dont nous avons aperçu le feu en tête de mât, légèrement derrière nous. En appelant à la radio, nous apprenons qu'il s'agit des premiers. Les 100 derniers milles, du coup, sont animés. Enfin, on fait de la régate au contact ! L'arrivée triomphale sera noyée dans la potion locale, mélange de rhum, de rhum et de rhum.

Le virage à droite est entamé.

Le rond-point de l'anticyclone des Açores est enroulé.

Au soixante-dix-neuvième jour de course, *Foncia* glisse sur la bordure nord de la haute pression et cherche à accrocher le train de dépressions qui circulent dans l'Atlantique Nord. L'idée est d'attraper le flux de secteur ouest dominant et de se faire pousser aux fesses par des vents soutenus.

Derrière, Bilou n'a pas de grands choix tactiques à opérer.

Il est contraint de suivre la même route que moi.

## 12

Alors qu'il passe au large de l'île de São Miguel aux Açores, Bilou appelle son équipe technique. Il a, dit-il, un problème de quille. Le bateau est stable, il avance bien, mais, la nuit précédente, alors qu'il naviguait sous grand-voile et génois, il a entendu un bruit suspect. Il a fait un tour d'inspection, qui n'a rien donné. Puis, ayant rebordé ses toiles, il a constaté que *Veolia Environnement* gîtait anormalement.

Sa conclusion est simple : avarie de quille.

Il navigue à vitesse réduite vers les Açores.

On ne sait rien de ce qu'il a subi.

En fait, on l'apprendra plus tard : suite au choc avec la baleine il y a quelques jours, il a perdu sa quille. Maintenir le bateau à flot, dans ces conditions, relève de l'équilibrisme. Un petit dériveur peut avancer sous voile grâce au poids et à la position de l'équipage ; pour nos grands bateaux, sans la quille, qui représente environ la moitié du poids de l'ensemble, c'est beaucoup plus délicat. Garder à l'endroit un monocoque sans quille et continuer d'avancer sous voiles n'est possible que grâce au remplissage des ballasts, dans les fonds du bateau. Ces réservoirs, repartis symétriquement tribord bâbord en trois ou quatre compartiments, de la soute à voiles jusqu'au tableau arrière, représentent environ 4 tonnes d'eau par côté, que l'on remplit ou vide à volonté, selon l'allure et la force du vent. Contre le vent, dès 10 nœuds, on remplit celui de la soute à voiles (1 500 litres), puis celui de la zone de vie (2 000 litres). Vent de travers, on vide l'avant et, aux allures portantes, il arrive qu'on remplisse l'arrière, pour « sortir le nez du bateau de l'eau ».

Ces volumes d'eau participent à la stabilité latérale du bateau, augmentant de fait les efforts sur la structure et le gréement. Mais, dans la situation de *Veolia*, puis, plus tard, de *Safran* qui a lui aussi perdu sa quille, cela devient une question de sécurité. Sans ces ballasts, ils se retrouvent comme des dériveurs sans équipage : le chavirage les guette à tous les coins de vague.

L'avarie de Bilou fait baisser la tension psychologique.

Je suis triste et déçu. J'aimais bien l'idée de me battre contre lui.

En revanche, la pression des journalistes se fait de plus en plus forte. J'ai l'impression que pour satisfaire leurs demandes il me faudrait cumuler des rôles différents et contradictoires. On me demande d'être à la fois photographe, cameraman, compétiteur, ami de tous les concurrents. Je dois aussi avoir de l'humour en toutes circonstances, de préférence d'une façon qui soit médiatique, et ne pas oublier de faire marcher le bateau.

La moindre phrase que je prononce aux vacations est épluchée et commentée dans le petit milieu de la voile. Je découvrirai d'ailleurs en rentrant à terre certains de ces commentaires sur les blogs spécialisés, signés par de courageux marins internautes aux pseudonymes farfelus. J'ai au moins le courage de mes opinions. Il faudrait que je tourne vingt et une fois ma langue dans ma bouche avant de parler pour coller à l'image du navigateur parfait. Mes propos choquent, certains de mes concurrents se sentent blessés, me trouvent arrogant ou prétentieux. Mais je ne dis pas ce que je pense pour faire mal aux autres, ce n'est pas mon intention. Je dis des faits, mes propos ne visent personne en particulier. J'ai mon franc-parler, cela plaît ou ne plaît pas, pas très grave, mais il est sûr que je ne sais pas manier la langue de bois. Armel Le Cléac'h a raison : je ne ferai jamais de politique !

De: FONCIA2
Env: 27 janvier 2009
À: teamfoncia
Cc: directioncourse
Objet: Bilan de compétence, étude de cas

Salut, me revoilu !
Ça fait maintenant quelque temps qu'on est parti, quelque temps qu'on est tout seul sur notre rafiot, quelque temps qu'on doit tout faire. Et quand je dis « tout faire », c'est tout faire, de A à Z, comme on dit. On a tout à faire, plus tout ce qu'on nous demande en plus de savoir faire, sinon c'est trop facile, vous êtes d'accord ! On a not'métier, et puis comme ça suffit pas parce que faire de la voile, c'est très simple, vlà t'y pas qu'on nous charge la mule en nous demandant plein de trucs en plus, au cas où on s'ennuie ! Alors je me suis pris au jeu de chercher à qui il faudrait (conditionnel !) ressembler un tout petit peu, un peu, beaucoup, passionnément, à la folie, pour être le circumnavigateur façon gendre idéal, celui qui a tout, version zéro défaut, le truc qui n'existe pas, même dans les rêves les plus idéalistes, forcément fous et utopistes. […]
Petit jeu. J'ai retenu ces personnalités, que dis-je, ces sommités, pour une compétence, un talent, un trait de caractère, une qualité (ou un défaut, selon de quel point de vue on se place !) dans un domaine bien particulier, rappelé ici succinctement.
Le choix des protagonistes est bien évidemment suggestif et non exhaustif, ce n'est qu'un jeu !
Donc, j'ai retenu, dans le désordre :
Robert Doisneau, pour ses talents à immortaliser des scènes émouvantes de la vie quotidienne des zumains ; Yann Arthus Bertrand, lui, photographie comme personne

la beauté du monde ; Fellini (et son équipe de tournage et montage : 200 personnes en moyenne !) ; pas besoin de présenter Françoise Dolto, pour son art de parler aux enfants… de 7 à 77 ans ; Tintin, même s'il n'a de reporter que le surnom, tout le monde l'aime.

Tabarly, pour son côté héros, menhir indestructible (lui, il savait aussi faire un peu de voile, mais là, ça compte pas) ;

Mac Gyver qui sait se sortir de toutes les mauvaises situations, avec les moyens du bord, bien sûr !

Gad Elmaleh, ou comment faire rire et rire de tout, avec tout le monde, lui !

Macha Béranger, qui sait soutenir les âmes esseulées.

Jean Todt et ses mécanos de Ferrari, pour réparer votre mâture en moins de 10 secondes, partout dans le monde.

Hitchkock, le maître du suspense, incontournable ; Philippe Lucas, pour botter les fesses des indécis ou pour tailler des shorts, de bain, bien sûr !

PPDA et son frère, pour conter les exploits des gens de mer – dans le mille, Émile !

Bill Gates, pas pour son pognon (quoique !), mais pour son génie informatique.

Le pape, il est censé prêcher la bonne parole, non ?

Léon Zitrone, Intervilles comme si vous y étiez : « Simone ! »

Dior, si vous devez vous recoudre, ou recoudre votre linge.

Le chirurgien qui a transplanté le premier cœur, on ne sait jamais, ça peut servir.
Jean-Pierre Coffe, le seul qui fait une soupe saine et équilibrée, même avec un frigo vide.
Qui sais-je encore…
On pourrait continuer.
Ah, oui, j'oubliais, faut aussi savoir faire de la voile. Enfin un peu, ça peut servir. Mais, à défaut, le permis poids lourd doit suffire.
Bon, assez déconné, à vous maintenant de jouer !
Pour chacun, vous vous donnez une note de 1 à 10, et vous additionnez. Voilà ce qu'on peut faire de vous :
Vous avez entre 0 et 50 : vous êtes normalement constitué, tout va bien, restez dans votre fauteuil.
Vous avez entre 50 et 100 : vous devriez être recalé, mais en travaillant un peu, vous aurez acquis les compétences nécessaires pour faire le Vendée Globe en 2016.
Vous avez entre 100 et 150 : là, c'est du sérieux, ça mérite une inscription dès 2012, mais n'oubliez pas qu'il s'agit de voile.
Vous avez entre 150 et 200 : espèce de prétentieux, on n'a pas besoin de vous ici !
Quant à moi, j'ai obtenu péniblement 93, j'ai encore du travail, mais je ne désespère pas d'être prêt en 2020…
Mich Desj

Je traverse les Açores avec appréhension. Le Whale Watch Azores, l'organisme chargé de détecter et surveiller les cétacés, nous a prévenus, *via* l'organisation de la course, que c'est la période de reproduction des baleines. Il risque d'y avoir du monde sur l'eau, mais pas pour me regarder passer. Il n'y a pas grand-chose à faire. Même en tentant une veille de jour sur le pont, on n'arriverait pas à les repérer. Et moi, j'y passe de nuit.

Le vent varie terriblement en force et en direction. Peut-être des perturbations dues aux îles toutes proches. Un coup, je suis trop toilé ; un coup, je suis sous-toilé. Il faut sans cesse réduire, puis renvoyer de la toile. Parfois pour peu de temps. C'est une gymnastique éprouvante. Les muscles fatiguent. Au milieu de la nuit, je jette l'éponge, je garde peu de toile et vais me coucher. Demain est un autre jour.

L'étape d'après, c'est l'approche des côtes européennes. Et leur cortège de routes maritimes. Parmi les moyens de communication embarqués, il y a un truc de grand-mère, le standard C. C'est l'équivalent du télex, aujourd'hui obsolète à terre, mais toujours utilisé en mer. Il a beaucoup d'avantages. Il consomme peu, ne demande pas d'attention et transmet automatiquement les messages textes dans les deux sens, terre-mer et mer-terre. C'est par ce système que les classements arrivent quatre fois par jour à bord et sont automatiquement affichés sur la cartographie électronique du logiciel MaxSea. Le standard C peut aussi être interrogé depuis la terre pour connaître la position d'un bateau, sans intervention du skipper. Il permet de recevoir les Avurnav – « Avis urgents aux navigateurs » – qui renseignent sur l'activité en mer, les épaves repérées, les balisages en panne, les convois spéciaux (l'équivalent des transports exceptionnels, à terre), les messages de détresse, les bulletins météo, etc.

En vérifiant la liste des messages depuis plusieurs jours, j'en découvre un qui attire tout de suite mon attention :

```
LES 121 - MSG 384 - MetWarn/Fore Safety
Call to Area: 2
26-JAN-2009 16:42:19
014/09 - CHARCOT
12 CONTAINERS ADRIFT IN VICINITY 43-26N
014-01.2W AT 251835Z JAN.
```

Ce qui, en français dans le texte, signifie : « Message d'attention n° 384 pour la zone n° 2 Charcot, du 26 janvier 2009, 16 h 42. Douze containers sont à la dérive, leur dernière position connue date du 25 janvier, 18 h 35 temps universel, par 43° 26′ nord et 14° 1′ 2″ ouest. »

Le message est laconique.

Je visualise la position sur l'écran et je m'aperçois que les containers sont exactement sur ma trajectoire idéale, à l'approche de la pointe nord-ouest d'Espagne. Je rassemble tous mes fichiers de vents et courants, depuis la date de leur chute en mer, et j'essaie d'évaluer la dérive. Après cinq jours, le cercle d'incertitude est grand. Est-ce que je dois changer de route ? S'ils sont encore en train de flotter, ils sont terriblement dangereux. Je décide de me dérouter un peu.

Je suis tendu.

J'écoute tous les bruits. Sont-ils normaux ?

Même dans le golfe de Gascogne, le danger ne sera pas écarté. À moins de 500 milles du but et alors que 27 500 ont déjà été parcourus.

30 janvier. Une dorsale anticyclonique me barre la route vers Les Sables-d'Olonne. Être si près du but et si impuissant, c'est rageant. Je progresse vers l'est à petite vitesse, vers la porte de sortie du système météo. Je fais tourner les modèles et j'essaie de faire une ETA. Un routage me fait faire une énorme louche par les Cantabriques, la côte nord de l'Espagne, en passant devant Arcachon, le phare des Baleines et l'île de Ré. L'autre me fait arriver par l'archipel des Glénan. En clair, je ne sais pas trop. J'arriverai quand j'arriverai. Je marche quand même à 18-20 nœuds, dans une mer qui s'est plutôt calmée. Il y a pire comme conditions pour finir le Vendée Globe…

Je remonte le temps, repense à tout le boulot, à toute l'énergie qu'il aura fallu pour en arriver là. Je sais que l'équipe au grand complet est déjà là-bas, aux Sables. Je les sais fiers du travail accompli. Que de chemin parcouru depuis l'équipe de mon premier Vendée Globe !

Le métier de navigateur, tel que mes enfants l'inscrivent sur les fiches à remplir à l'école en début d'année, n'existe que depuis très peu de temps. Dans le registre des métiers, il devait bien y avoir des marins de toutes sortes – des marins de commerce, au long cours, des marins de la Marine, ce qui était le cas d'Éric Tabarly… Du côté des bateaux à voile, on trouvait les fortunés *yachtmen*, tout sauf un métier, puis, plus tard, les skippers qui travaillaient pour des propriétaires ou des loueurs de bateaux, mais pas grand-chose pour désigner le rassemblement hétéroclite qui mélangeait au début des années 1980 les aventuriers, les régatiers, les équipiers et les bricoleurs en tout genre qui traînaient sur les pontons – et, bien souvent, dans les bistrots – des ports sans autre activité professionnelle. Certains cumulaient plusieurs de ces casquettes ; d'autres n'en avaient que la première. Rien non plus n'encadrait législativement et socialement cette corporation étrange qu'on ne pouvait pas – pas encore – qualifier de mercenaires, car peu d'entre nous étaient payés, et si peu. Pas de salariés non plus. Tout au plus étions-nous défrayés et logés à bord en échange de nos services et d'une tenue aux couleurs du bateau. D'où la discutable appellation de *boat nigger* apparue dans ces années où un jeune, passionné et curieux d'apprendre, pouvait embarquer avec enthousiasme sur un bateau sans exiger d'abord de connaître le montant de sa fiche de paye et les conditions de récupération de ses heures supplémentaires.

Pendant plusieurs années, j'ai fonctionné comme cela, passant d'un embarquement à l'autre. J'ai assuré les périodes plus creuses en partageant loyer et frigo avec d'autres marins ou, parfois, il faut bien le reconnaître, en retournant profiter du gîte et du couvert chez mes parents. Des années proches d'une vie d'étudiant, sauf que j'avais choisi l'option embruns, sans autres examens que le classement des régates.

Lorsque j'ai commencé à naviguer en Figaro, sont arrivés quelques subsides avec leurs corollaires administratifs qu'il a fallu gérer. Découverte classique des contraintes de la vie d'adulte, fin des années d'insouciance. Comme beaucoup de mes confrères de l'époque, j'ai d'abord géré directement et personnellement les dépenses liées à mes projets. De projets en régates, il est vite apparu qu'il fallait séparer le privé et ce que l'on avait encore du mal à appeler le professionnel. Pour aider les jeunes skippers, certains sponsors ont alors créé des structures spécifiques qui traitaient les projets voile de l'entreprise et salariaient leurs skippers. C'est ainsi que j'ai pu avoir un statut de salarié pendant quelques mois dans l'année, puis progressivement pendant toute l'année. J'étais alors déjà jeune père de famille. La difficulté tenait aux arbitrages à faire en matière de budget. Plus le niveau de rémunération que je me fixais était décent et moins je pouvais affecter de crédits à la partie technique du projet. La plupart de ceux qui ont fait le choix du salaire ne sont pas restés longtemps sur les circuits.

Malgré tout, les projets, essentiellement des saisons en Figaro, demeuraient à taille humaine et les équipes très limitées. J'ai longtemps fonctionné avec Régine, rarement rémunérée d'ailleurs, comme préparatrice du bateau, puis avec des amis proches, dont Jean-Paul Roux. Petit bateau, petite équipe, petits soucis…

Quand Jacques et Jean-Jacques Laurent, respectivement fondateur et directeur général de l'entreprise PRB, mais aussi père et fils, m'ont accordé leur confiance, il ne s'agissait plus de gérer un petit budget et un bateau de course, monotype de surcroît, avec une jauge stricte et des dépenses prévisibles sur une année. Il s'agissait de piloter la conception et la construction d'un prototype destiné à faire le Vendée Globe, mon premier Vendée Globe, le tout avec un budget important, sur plusieurs années, et avec une vraie équipe. J'avais repoussé depuis longtemps la création de ma propre structure, peu attiré par les tracas administratifs, juridiques et autres que je pressentais inhérents à ce genre d'aventure. Ils se révéleront bien au-delà de ce que j'avais pu imaginer. Je ne savais pas non plus que j'allais découvrir la difficulté de mener une équipe et d'endosser le rôle de « patron », rôle qui ne convenait guère au solitaire que je suis.

Mer Agitée a vu le jour en mars 1999. Régine et moi en sommes les deux actionnaires, je suis le gérant. La structure est familiale jusque dans son nom composé avec l'acronyme MRAJT, soit la première lettre du prénom de chacun des membres de ma petite tribu. Dans un premier temps, et pendant toute la période du projet PRB, Mer Agitée est aussi restée très familiale dans son fonctionnement. Le premier salarié, Jean Saucet, était un ancien préparateur d'Isabelle Autissier grâce à laquelle j'ai pu bénéficier de la confiance de la famille Laurent. Vincent Riou, futur vainqueur du Vendée Globe, et Jean-Philippe Saliou sont venus compléter cette petite équipe qui sera épaulée par la suite par des techniciens en contrat court, des stagiaires et, surtout, de nombreux amis bénévoles. La construction du bateau se déroulait à Fontenay-le-Comte, au chantier Mag, sponsors vendéens oblige. Toute la petite troupe s'est installée alors dans un gîte rural loué à proximité. Les filles nous rejoignaient pour donner un coup de main les week-ends. Je revois encore mes garçons, Adrien, 7 ans, Tristan et Jérémie, 4 ans, jouant aux Playmobil dans le bateau en construction sans s'occuper des adultes s'affairant autour d'eux.

Le fonctionnement de cette étrange tribu mêlant des gens aux caractères, aux âges et aux situations familiales variés, des salariés, des stagiaires, des amis proches, sans oublier quelques enfants, dont les trois nôtres surveillés par une géniale jeune fille au pair irlandaise, va durer jusqu'au départ du Vendée Globe 2000-2001. Nous partageons le projet, les logements pendant les déplacements, les moments difficiles, mais aussi les moments intenses dont l'apothéose sera mon arrivée victorieuse aux Sables-d'Olonne en février 2001.

Il y a bien évidemment des hauts et des bas, mais un esprit d'équipe qui reste toujours très fort. Pas vraiment de hiérarchie établie. Je décide en concertation avec Vincent et Jean-Phi. Ils coordonnent les différents intervenants. Pas d'entretien d'embauche ni de *curriculum vitae* : le recrutement quand il est nécessaire se fait par affinité, intuition ou cooptation. Les filles gèrent la logistique et l'organisation générale des troupes. Pas de pointeuses et pas vraiment d'horaires. Pas vraiment de fiches de poste non plus : ce sont les individualités qui font la fonction plutôt que l'inverse... Le projet a démarré relativement tard par rapport aux projets concurrents et au temps qu'il reste avant la course. De ce fait, même si nous avons tous conscience du caractère largement améliorable de notre organisation et de la difficulté de notre amalgame entre professionnel et amical, je n'ai ni le temps ni la disponibilité d'esprit pour mettre en place un autre système. En outre, cette petite bande fonctionne plutôt bien. Le bateau est techniquement au point et notre niveau de préparation largement équivalent à celui d'équipes beaucoup plus importantes. L'objectif est donc atteint. La victoire à ce Vendée Globe viendra couronner les efforts d'une équipe technique dont l'enthousiasme m'a porté.

Avec le recul, cela me paraît, c'est vrai, assez artisanal. Mais il y avait également de la rigueur technique, et un bouillonnement d'idées permanent, des échanges entre personnes venues d'horizons différents, de la place pour que chacun exprime ses idées. C'est toujours le cas à Mer Agitée, les défauts de jeunesse en moins.

Au retour du Vendée Globe 2001, Mer Agitée est installée dans un petit bureau en location sur le port, à côté de la capitainerie. Il est évidemment trop petit pour perdurer et, surtout, pour accueillir le prochain bateau que j'ai dans la tête depuis déjà longtemps. Il se trouve que, à proximité, les terrains du chantier de mes parents sont occupés par quelques vieilles carcasses de bateaux qui somnolent depuis la cessation d'activité. Ils sont idéalement placés et je les convoite de longue date, mais, faute de moyens, je n'ai jamais pu faire une proposition à mon père qui, je le sais, n'accepterait pas de favoriser l'un ou l'autre de ses enfants en les cédant gratuitement. Je le convaincs néanmoins de me tenir au courant avant de conclure avec un éventuel acheteur. Je sais qu'il ne faut pas traîner. Ma sœur Béatrice a déjà racheté une parcelle, et mon ami Vianney – celui de mes 20 ans autour du monde – également. Il s'apprête à y faire construire un bâtiment pour abriter la petite société de construction de catamarans de 18 pieds qu'il a créée avec mon frère Bertrand, ainsi que des hangars destinés à la location.

La prime de course du Vendée Globe me permet de concrétiser ce vieux rêve. Régine et moi créons une nouvelle structure, la SCI « Mer Belle » – et non pas « belle mère » comme l'avait écrit sur les documents administratifs le comptable à l'époque – pour gérer l'achat de ces terrains et la réalisation d'un bâtiment destiné à abriter Mer Agitée. Je l'imagine le plus fonctionnel possible, même si nous n'avons pas encore conscience de tout ce que nous allons y faire : un hangar de 1 000 mètres carrés lumineux et équipé en ponts roulants, des bureaux et des locaux techniques.

Dans ce nouveau bâtiment, il va me falloir réorganiser mon équipe. Je sais depuis longtemps qu'il faut structurer plus rigoureusement son fonctionnement et j'ai eu le temps d'y réfléchir, sans compter que, après deux années au service de mon projet, certains souhaitent réactiver des projets personnels mis en sommeil. De leur côté, les dirigeants de l'entreprise PRB voudraient bien que je coure le prochain Vendée Globe sous leurs couleurs. Devant mon refus, et comme ils savent que j'ai un projet de multicoque en gestation, nous décidons de poursuivre notre collaboration de façon différente. Je m'engage à les aider à sélectionner un autre skipper – de la même façon qu'Isabelle l'avait fait deux ans auparavant – et à continuer à gérer le projet, et le bateau que je connais évidemment parfaitement, au sein de Mer Agitée. Pour parfaire le changement dans la continuité, je propose à Jacques et Jean-Jacques Laurent de passer le relais et la barre de mon bateau à Vincent Riou, mon second pendant tout le projet Vendée Globe 2000-2001.

Alors que le vivier des skippers potentiels et médiatiques est plutôt pourvu, le père et le fils Laurent me font de nouveau confiance dans cette piste audacieuse. Non que Vincent ne soit pas à la hauteur, j'en suis dès le départ convaincu, et la suite le démontrera, mais son aura médiatique ne dépasse pas beaucoup le petit milieu nautique breton et son palmarès est encore modeste. Vincent devient donc officieusement le futur skipper de *PRB*. L'annonce officielle n'interviendra qu'à la fin de l'année 2002, lors du Salon nautique.

À ce stade, j'ai déjà en tête mon futur bateau et j'ai recruté secrètement depuis plusieurs mois, Denis Juhel qui en sera le chef de projet. Ancien de la bande du Cap Coz, vieux complice de Bilou, Denis passe les six derniers mois de l'année 2001 à anticiper la conception, puis la fabrication de *Z2002*, nom de code du bateau que Denis fait passer auprès de ses interlocuteurs pour le projet d'un propriétaire suisse. Je n'ai pas encore le moindre sponsor, mais, déjà, Mer Agitée est gestionnaire de deux projets d'envergure, sans oublier un programme immobilier.

Dans la famille Laurent, et en Vendée en général, on ne fait pas les choses à moitié. Jacques et Jean-Jacques ont convaincu Daniel Bréfort et sa société VMI d'engager un bateau dans le Vendée Globe 2004-2005. VMI rachète l'ancien *Sodebo* de Thomas Coville, et nous demande, à Éric Coquerel, attaché de presse du projet PRB, et moi-même, de leur proposer un skipper. Nous présentons cinq noms parmi lesquels deux à qui j'envisage de proposer, s'ils sont retenus, d'intégrer Mer Agitée. Après entretiens, VMI choisit Sébastien Josse. Ce sera le troisième solitaire de Mer Agitée.

Entre-temps, j'ai signé un contrat de partenariat de cinq ans avec le groupe Casino, qui prévoit la construction et le fonctionnement d'un trimaran de 60 pieds dont je serai le skipper. Le 15 octobre 2001 débute la construction de *Z2002*, devenu officiellement *Géant*. L'équipe s'étoffe avec l'arrivée de techniciens issus du petit monde de la course au large, toujours recrutés sur une base intuitive. Encore une fois, l'urgence ne permet pas de fonctionner autrement. J'ai besoin de techniciens compétents, qui connaissent le milieu et ce genre d'expérience. Je ne me sens pas prêt à faire passer des entretiens d'embauche et je n'en ai pas vraiment le temps.

En septembre 2002, nous sommes dans nos nouveaux locaux. Le 21 novembre, après bien des péripéties, je remporte la Route du Rhum sur *Géant*. Toute l'équipe est invitée à l'arrivée à Pointe-à-Pitre. Et, en décembre, une énorme fête vient célébrer cette victoire dans un bâtiment flambant neuf.

J'ai fait depuis longtemps le constat qu'il m'est impossible d'assumer correctement plusieurs métiers en même temps. Je ne peux pas être skipper et patron de PME simultanément. Je n'ai aucune formation pour endosser cette seconde casquette que j'expérimente au fur et à mesure, et qui ne m'intéresse que parce qu'elle sert un outil de travail qui me tient à cœur. Mon expérience personnelle en entreprise est limitée. Je veux pouvoir me concentrer sur ce que je sais faire, c'est-à-dire principalement naviguer, sans être perturbé par des soucis de gestion de structure. Avec Régine, nous cherchons depuis longtemps la personne qui pourrait être mon *alter ego* à la tête de Mer Agitée. Ce sera Jean-Paul Roux. Ami de longue date, Jean-Paul a suivi tous mes projets et a participé, d'une façon ou d'une autre, à chacune de mes victoires. Après un passage en agence de publicité, puis chez un organisateur de courses au large, il travaille pour la Fédération française de voile. Ce Bordelais installé depuis longtemps à Paris va accepter de quitter un poste confortable et une vie urbaine contre l'inconnu total et un salaire moins intéressant, le tout au fin fond du Finistère.

Recruté fin 2002, Jean-Paul Roux devient donc le directeur de Mer Agitée. Objectif de la création de son poste : amener vers un fonctionnement d'entreprise « classique » une équipe créative, mais peu structurée hiérarchiquement, et humainement complexe, c'est-à-dire faire ce que je ne fais pas, mais devrais faire en tant que patron. Pour compléter le dispositif, Denis Juhel prend en charge la coordination technique générale des trois projets. Jean-Paul et Denis s'entendent à merveille et s'attaquent à la tâche avec enthousiasme et motivation. Il nous en faudra beaucoup.

L'activité et les effectifs de l'écurie de course sont vite multipliés par trois. Nous sommes désormais en permanence entre quinze et vingt personnes autour de trois projets d'envergure, avec trois skippers aux personnalités et au parcours différents. S'y ajoutent des projets aux incidences financières moins lourdes, comme le projet de préparation olympique de Jean-Philippe Saliou, pilier de Mer Agitée depuis ses débuts, et quelques projets Figaro en interne. L'équipe se réorganise autour des trois projets principaux qui ont, chacun, une petite équipe propre. Le pôle compétences de Mer Agitée regroupe les techniciens spécialisés qui interviennent sur tout, à la demande. La structure fonctionne comme une boîte à outils au service de chacun des projets. Cela permet de mutualiser certains postes qu'aucun projet ne pourrait se payer seul.

Pour animer chacune des équipes, nous faisons le choix de la promotion en interne. Soucieux de renvoyer l'ascenseur à ceux qui ont tant donné dans le projet *PRB* et la construction de *Géant* nous bombardons d'excellents techniciens aux qualités humaines indéniables comme chefs de projet. Mais le savoir pratique ne remplace pas le savoir théorique et les années d'école : l'expérience prouvera qu'on ne s'improvise pas « manager » d'une équipe, terme qui nous est plutôt inconnu à l'époque, et que bonne volonté et affinités ne suffisent pas. D'inévitables désillusions s'ensuivent de part et d'autre. Ces modifications dans l'organisation et le fonctionnement de la structure font évoluer les positions de chacun, les uns par rapport aux autres. Parmi les plus anciens, habitués à fonctionner à leur guise sans rendre de comptes, la résistance au changement est réelle. Ils étaient pourtant les plus acharnés à réclamer des responsabilités claires et une organisation hiérarchique…

Sur *Géant*, le fonctionnement et la logistique en équipage sont assez lourds à organiser. À chaque grand prix, il faut transporter, nourrir et loger pendant une dizaine de jours les onze équipiers nécessaires au bon fonctionnement du trimaran, sans oublier l'équipe technique, les entraîneurs et le kiné. Soit une bonne vingtaine de personnes. Et le tout plusieurs fois dans l'année et dans toute l'Europe. Sur *PRB* et *VMI*, deux gros chantiers d'optimisation sont prévus, ces bateaux d'ancienne génération nécessitant un bon lifting pour être compétitifs.

La logistique commune devient plus complexe. En même temps, nous expérimentons des fonctionnements inédits plutôt intéressants. Ainsi, les trois bateaux prennent part à la Transat Jacques Vabre 2003 et, au Havre, la ville de départ, une étrange yourte voisine les camions d'assistance. Un cuisinier y assure les repas de l'équipe. On peut également y inviter les sponsors ou des journalistes, le tout à deux pas des bateaux.

La première saison du trimaran et les premières régates des monocoques sont plutôt positives. *PRB* gagne la Calais Round Britain Race et se classe deuxième de la Rolex Fastnet Race et quatrième de la Transat Jacques Vabre. *VMI* gagne la Rolex Fastnet Race et termine cinquième de Calais Round Britain

Race et de la Transat Jacques Vabre. Quand à *Géant*, il est deuxième du championnat ORMA et quatrième du Challenge Mondial Assistance et de la Transat Jacques Vabre. En solitaire, je termine troisième de la Solitaire du Figaro sur ce qu'on appelle à Mer Agitée le « petit *Géant* ».

L'année 2004 démarre sur des difficultés en tout genre. Difficultés techniques d'abord, avec le constat d'un déficit de *Géant* par rapport à certains concurrents, mais aussi le démâtage de *PRB* dans la Transat et les problèmes de système de barre sur *VMI*. Si elles sont contraignantes, ces difficultés ne me font pas peur : j'applique le vieil adage transmis par mes parents : « Il y a toujours une solution aux problèmes. » Il en va autrement avec les difficultés humaines. Mon caractère assez introverti ne me porte pas trop au déballage de sentiments et d'impressions. Je ne sais pas toujours dire les choses et je garde souvent mon avis pour moi. La deuxième saison en équipage est décevante pour *Géant*, avec des résultats en dents-de-scie, et des tensions au sein de l'équipage. Ma culture et mes habitudes de « solitaire » font parfois grincer des dents. En outre, des tensions sont apparues au sein de l'équipe *PRB* qui nous obligent à modifier son organisation. Malgré tout, la priorité reste aux projets et aux objectifs sportifs et techniques. En juin 2004, je gagne la Transat anglaise avec *Géant* et, en novembre, les deux projets monocoque sont au départ du Vendée Globe, techniquement affûtés et parfaitement préparés. Trois mois plus tard, Vincent Riou offre à PRB une deuxième victoire dans le Vendée Globe 2004-2005. Sébastien Josse sur *VMI* termine cinquième malgré d'importants problèmes techniques, dont la collision avec un growler au sud de la Nouvelle-Zélande.

Mais l'ambiance générale en interne n'est pas au beau fixe. Je me retrouve à gérer des problèmes d'ego et de personnes qui me dépassent. Tout le monde veut être calife à la place du calife. Tout le monde veut de l'organisation et des chefs, mais personne ne veut rendre de comptes. Il est temps de remettre le clocher au milieu du village.

À la suite de sa victoire, PRB a décidé la construction d'un nouveau bateau pour le Vendée Globe 2008-2009, dont Vincent sera le skipper. J'ai moi-même un projet du même ordre, encore embryonnaire. Nous décidons de mener les deux de front, mutualisant les moyens pour la conception et la construction. Cette collaboration fonctionne jusqu'à la sortie de chantier de *PRB*, puis Vincent décide de quitter Mer Agitée.

Le départ de Vincent Riou, qui entraîne avec lui son équipe, marque l'épilogue d'une période difficile pour Mer Agitée, avec ses relations humaines fortes dans le positif comme dans le négatif. Cette crise de croissance débouche sur une nouvelle page. À quelques exceptions près, l'équipe est renouvelée. Le recrutement de l'équipe, qui deviendra les Broken Arms, démarre pendant la préparation de la dernière Route du Rhum avec *Géant*. J'ai une idée précise des postes que je veux affecter et, pour la première fois, j'organise un recrutement réfléchi, fondé sur les compétences, et non plus sur la cooptation de gens qui viennent du sérail. Le côté affectif des relations cède le pas à plus d'objectivité, de rigueur et d'exigence, ce qui n'empêche pas les bons moments.

J'ai grandi, et Mer Agité aussi.

En quelques années, le monde de la course au large s'est également professionnalisé. Les temps ont changé. Fort heureusement, dans les yeux de certains stagiaires que nous accueillons, je retrouve l'enthousiasme que j'avais en embarquant sur *Côte d'Or* à 20 ans. Et je dois souvent virer de l'atelier certains Broken Arms trop passionnés, à commencer par mon boat-captain, parce qu'il est largement temps de rentrer chez soi, au lieu de peaufiner une pièce ou de développer une idée…

J'étais navigateur et technicien.

Avec Mer Agitée, j'ai appris, non sans mal, à être chef d'entreprise.

J'apprends encore.

En repartant des Sables, lors de ce deuxième Vendée, je pensais bien être capable de revenir dans le match et j'imaginais être dans les cinq premiers au cap Horn. Mais de là à prendre les manettes de la course dès l'Australie…

Je confirme mon arrivée pour la journée de dimanche, mais je ne sais pas encore si je vais arriver à la marée du matin ou à celle du soir. Je coupe mon téléphone par satellite. Je veux profiter pleinement des dernières heures qui me restent en mer. Pendant ce temps, Bilou continue de progresser vers les Açores à près de 10 nœuds. Armel Le Cléac'h a buté à son tour dans l'anticyclone des Açores.

Dernière nuit en mer. Je reste vigilant. Le risque de collision est toujours possible.

Depuis que je n'ai plus mon radar, je me suis rabattu sur mon oreillette bluetooth, qui me permet habituellement de faire des vidéoconférences ou d'écouter de la musique. Avec le logiciel de navigation, il est possible de mettre autour du bateau une zone de surveillance : dès qu'il y a un objet, repéré par l'AIS, qui entre ou sort de la zone, une petite musique se déclenche, une alerte. À défaut de radar et de détecteur permettant de « voir » des bateaux qui ont leur radar en fonctionnement, il me reste l'AIS. Ce système, obligatoire en émission et réception sur les gros navires, équipe désormais également nos voiliers de course. Il transmet en temps réel le pedigree de chaque bateau ainsi équipé : son nom, son numéro d'identification internationale, sa position, son cap, sa vitesse, sa longueur, sa largeur, sa destination, la distance qui nous sépare et, très utile, la plus petite distance qui nous séparera si nous continuons chacun notre trajectoire à vitesse constante.

Ces informations arrivent sur le logiciel de navigation, qui gère l'affichage et le stockage des données, et propose une indication anticollision. Mais tous les occupants de la mer n'en sont pas équipés.

En pleine nuit, je repère ainsi un très gros bateau, 350 mètres de long. Je l'appelle par radio et le préviens que c'est moi qui vais changer de cap, qu'il n'a pas à bouger. Bien que prioritaire avec mon voilier, contre ce monstre d'acier lancé à 20 nœuds, je préfère cette solution. Les variations du vent ne me permettent pas de prévoir une trajectoire précise et de lui communiquer un cap précis. Je m'endors avec l'oreillette.

Dernier matin. Il fait gris, il pleut, le vent vient de la terre et m'est contraire, le froid est pénétrant. J'apprendrai plus tard que, la veille, tous les Broken Arms auxquels se sont ajoutés une bonne bande d'amis, ont dîné dans un restaurant de Port Olona. Mes potes savoyards, Gilles, Sandrine et Jean-Lou, en tête, venus en minibus pour l'occasion, ont transformé L'Entrecôte en annexe de la station de ski de Val Thorens, où j'ai quelques habitudes. Ils ont accroché leurs drapeaux savoyards devant le restaurant et, avec la complicité de Christophe, le patron, ont installé leur réchaud à fondue. Ils ont servi du Chignin Bergeron et de la Roussette à toute la bande. La soirée a été animée…

Le jour se lève.

Dans la petite bruine du matin, j'aurais bien envie de partager leur petit déjeuner, boire un café avec un croissant chaud… Un hélicoptère vient à ma rencontre.

Je jette un coup d'œil à l'intérieur du bateau : il faut faire un peu de ménage avant de laisser l'équipe monter à bord. Je veux qu'ils retrouvent « leur » bateau dans un état présentable. Je range. Il me reste pas mal de provisions, de quoi tenir encore un mois, et 20 litres d'eau douce. Je me suis rasé. À chaque fois que c'est possible, j'essaie d'arriver rasé. C'est une espèce de rituel. Je le fais autant pour moi que pour les autres. Il n'y a guère qu'au Figaro où c'est mission impossible. Petite toilette à l'aide de lingettes. J'attrape le sac contenant les vêtements propres prévus pour l'arrivée.

Je suis prêt.

C'est le moment où le désalinisateur achève de refuser de produire de l'eau douce. Pas grave, mais si c'était arrivé il y a quelques semaines… La preuve, une fois de plus, qu'on n'est jamais à l'abri d'un problème technique.

Depuis le début de la matinée, je suis en contact avec deux bateaux qui viennent à ma rencontre. Le catamaran à moteur *Royale Productions* sera le premier à arriver sur zone. À bord, il y a mes frères : Hubert, avec sa femme et ses filles, et Bertrand, venu exprès du Havre où il habite. Hubert, plutôt discret et réservé habituellement, lève le poing. Un grand sourire lui barre le visage. La vision m'émeut plus que je ne l'aurais pensé. Il est entouré de plusieurs gars de CDK, ceux qui ont œuvré à la construction de *Foncia*. Le deuxième bateau me rejoint un peu plus tard. Cette fois, il y a Joseph Poirier et toute l'équipe de TBS, les complices de mes débuts en course au large ; ils sont accompagnés par Pierre Follenfant. Pierre a fait la deuxième édition du Vendée Globe sur *TBS-Charente-Maritime*. Il a aussi été animateur de la classe Figaro du temps des Half tonners. C'est lui qui m'a recommandé à Joseph Poirier quand il a souhaité arrêter le solitaire, à un moment où j'étais dans une passe difficile. Depuis, la bande de TBS, Jo en tête, a toujours été là, mais toujours discrète. Dans les bons moments comme dans les épreuves, je sais que je peux compter sur eux. De nouveau, ils m'accompagnent.

Au fil des heures, la mer se peuple de bateaux à passagers, d'embarcations en tout genre, de canots, de pneumatiques. Les hélicoptères bourdonnent au-dessus de ma tête. Je vois arriver les bateaux de mon équipe technique avec les Broken Arms, Régine et les enfants. Ils prennent place autour de moi, pour surveiller tout risque de collision. Position difficile à tenir : je marche à plus de 14 nœuds et les sillages des divers bateaux accompagnateurs lèvent une mer chaotique. Ils sont trempés, mais hilares !

J'aperçois Jacky Lorenzetti, mon sponsor, et Yves Gevin, son successeur, et puis Christian et Véro Melquiond, Anne Monjour, Damien Grimont, Gilles et Sandrine Chéry, Sophie Roumet, Manu Le Borgne… Il y en a partout ! Christophe Pile, mon kiné et ostéo préféré, vieux complice depuis plus de vingt ans, est venu exprès de la Réunion. Sur une petite vedette, il y a un grand calicot : « Bravo Mich ! Bernard de Gwada ! » C'est mon pote Bernard Mouriau, qui vit en

Guadeloupe avec sa femme Betty. Trop loin pour venir, ils sont présents à leur façon !

Je m'installe confortablement dans le cockpit et prends tout ce petit monde en photo ! Huit ans plus tôt, au même endroit, j'étais davantage sous pression. Les dernières heures étaient laborieuses. Ellen McArthur me suivait à 300 milles environ, une journée de mer. C'est peu. C'était mon premier tour du monde en solitaire sans escale… Il y a du monde sur les quais, au loin. Je fais les comptes : voilà plus d'un mois que je suis en tête.

Cette fois-ci, l'arrivée est plus tranquille. Bilou est plus loin. Jusqu'au bout, il aura la classe et l'humanité d'un grand bonhomme, d'un grand marin, d'un adversaire hors normes. Pour ne pas gâcher la fête, il attendra le lendemain de mon arrivée pour annoncer qu'il abandonne la course. Il me manquera pour trinquer à l'arrivée.

Les derniers mètres sont compliqués. Il y a des bateaux et des obstacles potentiels partout. J'aperçois la balise du Nouch qui marque un bout de la ligne d'arrivée. De l'autre côté, sur le canot de la SNSM, Sylvie Viant, présidente du comité de course, se prépare à donner le coup de canon final.

Je suis sur la plage avant, appuyé sur l'étai de trinquette.

# 13

J'ai franchi la ligne d'arrivée le dimanche 1er février à 16 h 11' 08''. Je suis resté en mer 84 jours, 3 heures, 9 minutes et 8 secondes. J'ai parcouru 28 300 milles, à une vitesse moyenne de 14,02 nœuds.

Un timide soleil a fait son apparition. Quarante heures de retard au départ, cinq jours d'avance à l'arrivée… Je peux enfin y croire ! « Ça, c'est fait », comme dirait Denis Juhel.

Que la fête commence !

D'autres y ont cru avant moi. Je lirai quelques jours plus tard le mail que Damien Grimont a envoyé à l'équipe peu après mon nouveau départ :

De: GRIMONT Damien
Env: mercredi 12 novembre 2008 - 22 : 26
À: Roux JP ; Bornens Reg
Objet: Mich

À tous,
Juste un petit mot pour vous féliciter tous de cette opération commando impressionnante. Je crois à la vérité des histoires. Je sais que Mich a probablement la meilleure équipe que l'on puisse imaginer. Il y fera donc honneur et va tous les grignoter un par un. Si l'on est pragmatique, avec un peu de recul, la position de Mich avant son avarie était peu confortable puisque même une deuxième position finale était finalement une forme de contre-perf, tellement sa domination est insolente depuis quelques années.
Il a donc dans ses mains l'occasion d'écrire une page magnifique de la course au large et je suis confiant… N'oubliez pas l'adage, « à la fin c'est toujours… »
On vous aime !
Damien

Les Broken Arms l'ont affiché sur le tableau de la salle où ils prennent le café.

Depuis 82 jours.

La ligne d'arrivée passée, je tire la barre pour me mettre vent arrière, pour ralentir et permettre à l'équipe d'embarquer. Des dizaines d'embarcations continuent de me suivre, ou de me précéder, et me serrent de près, de trop près. Leurs sillages lèvent un clapot court, dans lequel il est délicat d'accoster sans tout casser. J'ai beau faire des zigzags ou prévenir à la radio pour écarter les spectateurs, rien n'y fait. C'est le bazar, à nous de nous adapter !

Marco et Dim sautent à bord, suivis par Fred et Juju, les visages rayonnants. Embrassades et poignées de main rapides, je leur passe les manettes. Ils filent déjà affaler la grand-voile et passer la remorque, chacun sachant exactement ce qu'il a à faire. Les effusions seront pour plus tard.

Régine les a suivis, presque intimidée, ce qui ne lui ressemble pas ! Elle reste un peu en retrait, se méfiant des photographes et des caméras. Elle sait bien qu'il faudra un peu de temps avant qu'on puisse vraiment se retrouver. Les enfants sont hissés à bord. Adrien me tombe dans les bras, en larmes. Son émotion me surprend et me submerge. Mon grand gaillard qui, du haut de ses 16 ans, me dépasse depuis déjà longtemps m'offre un des moments les plus forts de cette arrivée. Tristan et Jérémie, leurs 13 ans beaucoup moins à fleur de peau, me sautent dessus. Jérémie me déclare immédiatement que je dois regarder la finale du championnat du monde de hand-ball le soir même. Tristan, d'habitude bavard et volubile est plutôt dans la retenue, certainement impressionné par le Barnum Circus qui nous entoure. Rapidement, ils descendent se cacher à l'intérieur du bateau. Trop de monde, de photographes et de caméras, de pression.

Devant, Juju signale que le bout de remorquage est passé. C'est à Christian Le Pape, Loïc Ponceau et Kate Hénaff, les trois piliers du Centre d'entraînement de Port-la-Forêt, que revient le plaisir de remorquer *Foncia* jusqu'au ponton Vendée Globe. Un dispositif dont nous avons longuement discuté en amont, tout comme du dispositif de communication. J'ai refusé énergiquement – le mot est faible – la présence d'une équipe de télé à bord pour la remontée du chenal. Je veux bien communiquer et je comprends la nécessité de pouvoir montrer des images. Je crois être assez disponible pour les demandes des médias en général, mais aussi pour les gens qui m'abordent et me sollicitent pour des raisons très diverses. En revanche, je tiens absolument à préserver mes proches, en particulier mes enfants, et certains moments qui n'appartiennent qu'à nous et à l'équipe. Nous avons donc trouvé un compromis : une équipe de tournage monte à bord quelques minutes après l'arrivée, mais redescend avant la remontée du chenal.

Marco prend la barre. D'un naturel plutôt souriant, c'est un trait de famille chez les Liardet, mon boat-captain est cette fois radieux. Même les escarbilles et les poussières qu'il prend dans les yeux à cause des fumigènes que je percute à l'avant ne parviennent pas à lui enlever son air de ravi de la crèche ! Fred s'improvise artificier. Il m'apporte les fusées les unes après les autres et gère leur récupération dans un seau rempli d'eau. L'expérience du premier Vendée, où j'avais abîmé le pont de *PRB* en y posant les fusées encore brûlantes, nous aura servi.

Les bords du chenal sont noirs de monde. La foule crie et applaudit. Un feu d'artifice crépite. Sur les murs de la tour Arundel, je vois écrit en lettres de feu « Bravo Michel ». J'ai le temps de me demander comment les artificiers réalisent ce genre de truc. J'appelle mes parents. Rapidement. Ils sont devant la télévision, à Kerleven. Ils ont préféré rester au calme. Heureux.

Jacky Lorenzetti saute à bord. Trempé, la voix altérée d'avoir autant crié, ou bien est-ce d'émotion. Yves Gevin, qui vient d'embarquer à la tête de la société Foncia, est déjà sur le bateau depuis quelques minutes. Me voilà à bord avec ces deux hommes qui m'ont fait confiance, qui gèrent des entreprises et de grosses équipes. Ce soir, ils ont le sourire des hommes qui croient en leurs rêves. Je suis enchanté de les voir à bord, heureux comme des gamins.

Nous approchons doucement du ponton. Il y a des gens sur les balcons, sur les toits, dans les bateaux du port. Partout, ça crie et ça hurle. Je percute toujours mes fumigènes. J'ai les yeux rougis par la fumée, entre autres…

Les services de sécurité ont tellement limité les accès que le ponton est finalement relativement peu occupé. Je vois la masse compacte des journalistes au pied de la passerelle, à l'endroit où je vais amarrer. Et puis, tout au bout, vers le large et plutôt au calme, mes sœurs Béa et France, avec Mamita, ma belle-mère, et Delphine Grimont. Elles semblent frigorifiées, mais m'adressent des signes de la main. Vision fugitive. Mon regard est déjà happé par la manœuvre. L'équipe de Port Olona, sous la direction de Jacques Archambaud, est à poste pour récupérer les amarres. À gauche de la passerelle, un groupe est massé. Affublés de perruques frisées de toutes les couleurs, ce sont tous les potes qui n'ont pas pu venir sur l'eau et qui portent deux grandes banderoles : « Mich Monde 2009 ! » et « Yes he can ! Mich on t'aime ! » Je reconnais, entre autres, Joëlle Chevalier, la responsable du projet sponsoring *Géant*, Denis et Manue Juhel et toutes les filles de la Carole Chorale ! Ils ont imaginé une espèce de « haka » spécial Vendée Globe. Je comprends que la fête de l'arrivée a commencé sans moi depuis déjà un moment ! Malheureusement, je n'ai pas le temps de voir le spectacle en entier : le bateau s'immobilise, c'est terminé, je suis arrivé. Ou, plutôt, ça commence !

La foule de journalistes se précipite. Un écran géant retransmet nos échanges. Dans mon dos, j'aperçois Jean-Paul, qui, resté à terre pour superviser l'ensemble des opérations de l'arrivée, saute enfin à bord. Il tombe dans les bras de Régine. En larmes. Voilà 84 jours qu'il est sur la brèche 24 heures sur 24, je peux imaginer la tension permanente qui a accompagné son Vendée Globe à terre. Depuis une semaine, en collaboration étroite avec Laurence Dacoury, mon attachée de presse, Yannick Perrigot, de l'agence Windreport, le responsable de la communication du projet, et Julien Benoist, de Foncia, il est sur le pont pour coordonner toute la procédure d'arrivée.

Enfin, j'ouvre la traditionnelle bouteille de champagne de l'arrivée. J'arrose tout le monde, une petite tradition plutôt marrante. Je vise les officiels, c'est plus drôle !

Les Broken Arms sont tous à bord. Et aussi leur famille, enfants compris. J'ai à peine le temps de partager les fonds de bouteille avec eux. Le marathon commence : passage sur le podium, face à la foule, puis conférence de presse. Il est prévu un service d'ordre constitué de membres de la SNSM pour m'encadrer. Par jeu, je les prends de vitesse et remonte la passerelle en courant.

Juste avant la conférence de presse, l'organisation a prévu un petit quart d'heure de répit. Avec Régine, les enfants et l'équipe élargie, nous nous entassons dans une minuscule pièce et confrontons nos Vendée Globe. L'organisation m'a prévu un repas, elle a pris le soin de me demander ce qui me ferait plaisir. J'ai opté pour un steak tartare, de la salade, du fromage et un coup de rouge. Tout ce dont je me suis privé pendant trois mois. Nous trinquons tous ensemble. Je suis ému de les retrouver. C'est trop court.

Les journalistes m'assaillent de questions en tout genre. Je tente de rassembler mes idées. Je suis un peu ailleurs. Dans ma bulle. Je raconte, je répète : « C'est incroyable cette arrivée, avec en plus le petit rayon de soleil qui faisait que la lumière était magique. C'est indescriptible. Faut le vivre. J'ai beau l'avoir vécu il y a huit ans… C'est énorme, quoi ! Ça fait deux mois que j'essaie de comprendre ce qui se passe, et je ne comprends pas. Donc, j'en profite et puis c'est tout, on réfléchira après… » Je dis aussi : « J'ai remporté ce Vendée Globe avant le départ, dans les choix, dans l'équipe, dans l'expérience accumulée. J'étais à l'aise dans ce que je faisais. Même le 25 décembre, après mon problème de safran, je ne me suis pas apitoyé sur mon sort. Ce que je retiens, ce n'est pas les douze concurrents à l'arrivée[1], mais les trente au départ. Après, il y a la course, la difficulté. On sait que le Vendée Globe, c'est dur. C'est la course la plus dure qui existe. Donc, c'est normal qu'on ne soit pas si nombreux sur la ligne d'arrivée…

« Je ne me suis jamais posé la question de mon retard. Ce n'est évidemment pas pour faire demi-tour que j'étais allé faire le Vendée Globe, surtout au bout de 24 heures. C'était comme un arrêt au stand lors d'un grand prix. On s'arrête et on repart. On sait que sur le Vendée Globe il peut se passer plein de choses. Hier après-midi, j'ai explosé une palette,

1. Bilou n'a pas encore annoncé son abandon.

là, dans le golfe de Gascogne, avec mes safrans. Ça aurait pu être un container… Tant que vous n'êtes pas passé entre le Nouch et le bateau de la SNSM, il faut serrer les fesses… »

Je continue de raconter : « C'est vrai que c'est un moment particulier que je n'avais jamais vécu, d'être si loin de la tête en course. Du coup, je me suis retrouvé à naviguer vraiment comme j'avais envie de le faire, sans me préoccuper d'un classement, de savoir si j'allais plus vite ou moins vite que les autres, juste en faisant marcher mon joli bateau comme je pensais qu'il fallait s'en servir… J'ai toujours été dans l'action, j'ai toujours fait avancer mon bateau. Je me suis toujours dit : de toute façon, au Vendée Globe, la route est longue. J'ai un problème, on le résout et je repars… Le bateau est entier, je vais faire le Vendée Globe et l'histoire sera l'histoire… Au final, l'histoire, elle n'est même pas belle, elle est trop belle ! C'est incroyable…

« On me dit que j'ai mené mon bateau à 200 %… Allez dire ça à un architecte naval, il va éclater de rire. Pour atteindre les 100 %, il faut déjà s'arracher et, nous, on va beaucoup moins vite que les 100 %… Donc, j'ai essayé de les approcher, mais seul à manœuvrer, on ne peut pas être partout. Quand je regarde les polaires issues des cabinets d'architectes et qu'on compare avec ce qu'on a fait dans les mers du Sud, on était très en dessous.

« C'est vrai que j'ai écrit beaucoup de petits mails. Il n'y a pas beaucoup de courses où on a autant l'occasion de s'exprimer ; du coup, ça nous expose à la critique, mais aussi, j'espère, au partage, et c'est ce que j'ai essayé de faire. Peut-être plus spontanément qu'en d'autres occasions… »

On me dit que je suis parfois poète, parfois prédateur, que je deviens une légende. J'écoute tous ces gens parler de moi. Pour moi, les légendes sont forcément des gens qui ne sont plus. Et moi, je suis encore. Et ne suis pas près de prendre ma retraite. Je ne suis pas une légende.

C'est étrange. Je n'ai pas l'impression d'avoir changé. C'est le regard des autres qui a changé. De certains autres car, fort heureusement, mes proches, Régine en tête, se chargeront de me ramener sur terre, si besoin.

Fin de la conférence de presse, écourtée pour cause de direct télé et radio. Je me laisse guider par Laurence, mon attachée de presse, de studios de radio en plateaux télé. Il fait nuit. Il fait très froid. Il y a des voitures, des phares, du bruit, des gens partout. Je finis par être libéré de mes obligations – momentanément – et je m'échappe jusqu'à l'hôtel Admirals. Le même qu'il y a huit ans. C'est la même chambre aussi. Je m'offre le luxe suprême : un bain !

Pas beaucoup de temps pour traîner. Avec Régine, nous rejoignons le Village Vendée Globe par la mer. Une énorme fête a commencé sans nous depuis déjà plusieurs heures ! Champagne, musique, petits-fours. L'équipe technique de *Roxy*, les fameux Roxy boys, m'apporte une grande affiche réalisée à partir d'une photo prise par Sam. Sur le pont de son bateau, elle tient une feuille de papier où il est écrit : « Bravo Mich and the Foncia Team ! » Comme d'habitude, elle sourit.

Je suis accosté par des inconnus, invités par mon sponsor ou des proches de l'organisation. Je me prête de bonne grâce aux photos et autographes pendant un bon moment. Puis je sature. Il est déjà tard et je n'ai même pas pu voir tous mes amis et mes proches. Mes frères et sœurs qui ont patiemment attendu que je sois plus disponible viennent me dire au revoir – ils travaillent le lendemain. Je n'ai pas pu leur parler de la soirée ! Dans la seconde partie de la nuit, je fuis les inconnus. Ils se font heureusement de plus en plus rares. Les Broken Arms se déchaînent sur la piste de danse, Antoine en tête, entourés par nos potes et leurs tee-shirts « Mich Monde 2009 ». Régine a trouvé des danseurs de rock… J'ai peu de dispositions pour la chose et n'ai jamais réussi à l'impressionner de ce côté-là ! Mes enfants et ceux des membres de mon équipe ne sont pas en reste. Nous découvrirons le lendemain qu'ils ont discrètement sifflé quelques verres de champagne, profitant de la liesse générale et de la démission momentanée de leurs parents. Séb Josse s'improvise barman et Jean Le Cam anime le *dance floor* quand il ne refait pas le monde avec

Vincent Riou. Vers 5 heures du matin, le DJ baisse le rideau malgré les protestations des derniers danseurs. Nous rentrons à l'hôtel dans un froid polaire, suivis par un groupe d'irréductibles qui ira terminer les dernières bouteilles de champagne devant la mer.

En allant nous coucher, nous croisons les premiers clients de l'hôtel qui descendent prendre leur café. Ce ne sont pas les marins qui ont inventé la troisième mi-temps, mais qui a dit que cela leur était interdit ?

Au ponton, *Foncia* danse doucement, lui aussi, tranquillement amarré.

Le lendemain, les rendez-vous médias s'enchaînent à partir de 10 heures et demie. La nuit a été courte. À bord, Marco détaille aux journalistes les avaries et les problèmes techniques survenus pendant la course. Lui aussi a des petits yeux...

Régine est complètement aphone. Le plus drôle, c'est que sa mère et notre copine Sophie sont dans le même état. Les trois plus bavardes de la bande ! Les Broken Arms sont un peu chiffonnés, mais au boulot : nettoyage et petites réparations pour que *Foncia* soit prêt à rentrer par la mer à Port-la-Forêt, son port d'attache.

Je passe la journée d'interview en interview. L'euphorie de la victoire me maintient dans un état de veille joyeuse. Le soir, nous dînons tous ensemble chez Sophie et Olivier et partageons l'immense saucisson – près de 2 mètres de long ! – que les salaisons Fanton, mes fournisseurs pour la course, m'ont envoyé pour la victoire. Nous sommes tous ensemble. Les Broken Arms, l'équipe de communication, les amis, les enfants. Pas de photographes, pas de caméras… Juste nous. Ça fait du bien. J'en profite pour raconter certaines scènes de ma vie quotidienne, des moments que j'ai gardés pour moi, ou que je n'ai pas détaillés.

Départ à Paris le lendemain pour une tournée des médias dans la capitale, pendant que l'équipe plie bagage, ne laissant que le bateau sur place pendant une semaine. À Paris, j'enchaîne les plateaux télé et interviews, et je prends le métro, comme d'habitude. Je comprends à cette occasion que, désormais, je ne suis plus tout seul à décider de tout, je dois tenir compte des autres. Je suis à Châtelet, je crois. Il y a du monde sur le quai, mais ce n'est pas encore la foule des heures de pointe. Une rame arrive, bien remplie. Je suis presque devant une porte, un monsieur d'un certain âge s'apprête à monter, alors que les occupants veulent sortir. Je l'attrape délicatement par le bras et le fais reculer d'un mètre, laissant la place pour s'extraire du métro. J'ai passé trois mois 24 heures sur 24 à tout optimiser, à décider seul, je suis toujours dans cet état d'esprit, ce mode de fonctionnement. Mais je viens de revenir sur terre, au milieu des vivants. La liberté de chacun s'arrête là où commence celle des autres. La course est finie, je peux me détendre.

Ce moment a été ma ligne d'arrivée.

C'est en revenant de la capitale que j'ai eu un sale contrecoup : la grippe m'a saisi. Je m'alite avec 40 °C de fièvre. Je vais rester sous ma couette jusqu'à l'arrivée d'Armel Le Cléac'h, qui franchit la ligne le samedi 7 février, à 8 h 41, près de six jours après moi. Il a parcouru 27 232 milles – contre 28 303 milles pour *Foncia* – à une moyenne de 12,69 nœuds. Je viens l'accueillir, encore un peu faible. Il a beaucoup maigri, en manque de nourriture depuis plusieurs semaines, mais il est radieux : il a fini son premier tour du monde, fidèle à ses intentions, pour apprendre. Et il monte sur la deuxième marche du podium.

J'espère aller également accueillir Sam. Malheureusement, sa progression s'est fortement ralentie sur la fin. De mon côté, j'ai déjà pris mes billets pour partir en vacances : je suis tenu aux vacances scolaires si je veux partir avec mes trois garçons. Avant le départ, nous imaginons avec Marc, Dim, Paul et Jean-Philippe un petit message personnel. Affublés de robes (Roxy évidemment), nous posons sur la plage. Avec la photo, Dim réalise un montage à la manière d'une page du catalogue Roxy, il l'envoie à Samantha. Les mannequins ne sont pas très épilés mais je sais que pour l'arrivée, le 14 février, nous étions en fond d'écran sur son ordinateur de bord. Petit clin d'œil à celle qui navigue toujours avec le sourire, et qui aura mené mon premier bateau autour du monde pour la troisième fois ! *Well done*, Sam !

Quand les suivants arrivent, je suis déjà en vacances à l'autre bout du monde. Marc Guillemot termine sa course le 16 février. Puis viennent Brian Thompson,

Dee Caffari, Arnaud Boissières, Steve White, Rich Wilson… J'ai une relation particulière avec Rich. Nous avons beaucoup échangé avant le Vendée, notamment lors de l'arrivée de la transat BtoB à Port-la-Forêt. Nous avons ensuite continué nos discussions, essentiellement techniques, par mail. Il me posait des questions en français, je lui répondais en anglais. J'aime bien son côté humaniste, son ouverture au monde et aux autres, aux jeunes surtout. Pas si fréquent chez un habitant du Nouveau Monde… Il a dit qu'il rêvait de deux choses : voir Obama arriver au pouvoir dans son pays et terminer le Vendée Globe. Les deux ont eu lieu. Enfin, arrivent Raphaël Dinelli qui embouque le chenal des Sables, puis Norbert Sedlacek qui sera le dernier à couper la ligne d'arrivée le 15 mars, à 17 h 33. Il aura mis 123 jours et 5 heures. Chapeau, l'artiste.

Après 84 jours de mer, hors du temps, la réalité me retombe dessus.

Je suis revenu dans le monde des terriens.

Je découvre avec stupeur le nombre de gens qui m'ont suivi, qui ont envoyé des messages sur le site de l'organisation, sur le site de *Foncia*, sur le site de Mer Agitée. J'ai volontairement limité l'accès de la boîte mail du bateau pour éviter les risques (techniques) de saturation et éviter les risques de virus. Je voulais aussi rester en course, rester concentré, et je sais qu'il est impossible de répondre à tout le monde, à moins d'y passer des journées entières. Régine et Jean-Paul m'ont envoyé des sélections de messages, ils m'ont tenu informé des soutiens que je recevais, et ils m'ont préparé une compilation de tous les messages pour l'arrivée.

Je n'avais pas imaginé à quel point cette course pouvait passionner les gens de tous âges, toutes origines sociales, tous pays. Certains ont écrit presque tous les jours. D'autres me suivent depuis déjà longtemps. Une petite dame qui signe « la mémé de Bannalec » m'envoie des messages depuis le projet *Géant*, avec humour et respect ; elle me suit, tranquillement. Des facteurs me racontent leurs difficultés. Des salariés touchés par le chômage partiel ou inquiets pour leur avenir me disent que suivre la course leur fait du bien, les fait rêver, les sort d'un quotidien un peu triste. Des personnes qui habitent loin de la mer me disent ne rien y connaître, mais vibrer grâce à ma course. Des étudiants ou des lycéens s'échappent de leurs cours et de leurs devoirs pour me suivre. Des étrangers m'écrivent dans leur langue, des expatriés me décrivent leur vie loin de la France.

Dans la rue, on m'aborde, on me raconte comment toute la famille a suivi la course, comment j'ai fait partie de leur vie pendant ces trois mois. Je reçois des dessins d'enfants, des messages du monde entier. Des cadeaux aussi. Je suis stupéfait de voir le nombre de gens qui ont cru en moi et en ma capacité à revenir vers la tête de course. Je suis ému de voir combien mes écrits les ont touchés.

À vous tous, amis ou anonymes, merci d'avoir embarqué avec moi autour du monde. Et si je n'ai pas pu répondre à chacun, sachez que j'ai pris le temps de tous vous lire, même si c'est un peu à retardement, et que c'était bouleversant.

# 14

Je n'ai jamais été découragé pendant le Vendée Globe 2009.

Par rapport à l'édition 2001, où parfois je sentais une lame de fond, noire et puissante, me submerger l'esprit, j'ai évolué. À force d'entendre les commentaires autour de moi, je me suis demandé si je devenais insensible. C'est la première fois que je me pose la question avec autant d'acuité. Alors que d'autres concurrents ont souffert – certains ont parlé de « punition » –, je n'ai pas connu de moment de déprime ou même d'abattement. Bien sûr, il y a eu des passages d'agacement, des nuées de colère, des descentes d'euphorie. Mais je suis resté toujours maître de moi-même. Et maître de mon bateau. Je n'ai jamais éprouvé cette angoisse dont parlent certains.

Mes seules vraies vulnérabilités sont venues de l'extérieur, de mes proches – ma femme, mes enfants, mes parents, ma famille – ou alors d'événements tout à fait imprévus. Pendant une vacation spéciale avec le siège de Foncia, par exemple, quand Jacky Lorenzetti m'a présenté avec des mots élogieux à l'auditoire rassemblé, dont son équipe de rugby du Métro Racing. En tête de la course depuis deux jours, j'ai été subitement submergé par l'émotion au point de devoir couper la communication. Pourtant, rien qui sorte de l'ordinaire. Juste des phrases d'encouragement, comme il y en a souvent. Mais là, pendant une fraction de seconde, quelque chose m'a fait vaciller. Une autre fois, en écoutant le CD de chansons que m'avaient préparé Carole et Rozenn, j'ai tenté d'accompagner de la voix un morceau appris par mon fils à l'école, *Maria Suzanna*. C'est une chanson qui parle de la rencontre entre une petite manouche et un enfant sédentaire. Très vite, je me suis retrouvé, le feuillet des paroles entre les mains, la gorge serrée, les yeux embués. J'ai été obligé d'arrêter la musique pour continuer à naviguer. Ce n'était pas le moment, au bout du monde, de se laisser aller.

Je me raccroche à ces petits instants, à ces pépites du temps. Je ne suis donc pas inhumain ? Non, je ne suis pas tout à fait blindé.

Mon rapport à la compétition est étrange. Je fonctionne à l'adrénaline. Il y a des moments où je sens que le processus est enclenché dans le bon sens. C'est une sorte d'état de grâce où je perçois, intuitivement, que tout va être positif, que rien ne peut m'arriver. Qu'est-ce qui déclenche ce genre d'état ? Je ne sais pas. Je l'éprouve quand il est là, c'est tout. C'est une mécanique inconsciente, mais perceptible. J'essaie de comprendre ce processus, je retourne ma vie, j'analyse mon acharnement. Le mystère reste entier. Ce n'est pas faute d'avoir cherché.

Comme beaucoup de sportifs, j'ai cédé aux sirènes de la connaissance de soi-même. Enfin, j'ai essayé. En 1992, au centre d'entraînement, nous avons tous assisté à des séances de sophrologie. Conscience et harmonie. Je n'ai réussi qu'à m'y endormir. Franchement, je crois plus en la technologie. Je ne ressens aucun besoin de m'intéresser à mes sensations proprioceptives et intéroceptives ou d'aller à la recherche de la potentialité-de-la-capacité-à-travers-la-relaxation-dynamique.

Au Centre d'entraînement, entre les saisons de course, on suit une formation dans différentes discipline : météorologie, diététique et nutrition, sommeil, préparation physique, etc. Un jour, débarque un personnage mandaté pour notre « préparation mentale ». Christian Le Pape, directeur du Centre d'entraînement, veut nous fournir des armes personnelles, des outils pour comprendre, voire savoir reproduire les sensations positives. L'homme de l'art nous observe, discute, prend des notes, pénètre notre intimité. Son idée est de sortir du « tout technologique » et d'« introduire de l'humain » dans les machines que nous sommes ! Vaste programme.

L'expert brosse un portrait psychologique de chacun des participants suivant des paramètres précis : combativité, agressivité, compétitivité, etc. Quand il en vient au mien, il est perplexe. Il n'a jamais vu ça. Rien, dans son tableau, ne correspond à un sportif de haut niveau. D'après son logiciel personnel, je ne suis animé d'aucune intention de gagner. Je n'ai pas la vista. Je n'ai pas l'ambition. Pas la volonté. Ni la force. Ni les crocs. Je n'entre dans aucune de ses cases. Pourtant, je ne suis pas dans la voiture balai ; le plus souvent, c'est moi qui pilote la locomotive.

Interloqué, le coach se propose d'analyser mon comportement. Puisque efficacité il y a, il veut comprendre comment je fonctionne. Ce qui est intuitif doit être décrypté et mis à plat pour pouvoir être reproduit à volonté. Telle est, du moins, son idée.

La saison 1997 sur le circuit Figaro se transforme pour moi en chemin de croix, avec une apogée : l'arrivée de la deuxième étape du Figaro. La ligne d'arrivée était mouillée dans le goulet de Brest. Le premier l'avait déjà franchie, je n'étais plus très loin. Mais le vent tombe. Je vois la ligne devant moi. Mes voiles pendent lamentablement, je n'avance plus. Pour couronner le tout, la marée commence à descendre. Maintenant, je recule carrément. Derrière, les concurrents que j'ai distancés reviennent tranquillement. Ils comprennent que je suis encalminé. Et tout naturellement, en bons marins, ils font ce qu'on appelle « le tour de la paroisse »... c'est-à-dire le tour de la zone sans vent, passant le long de la côte où le courant est moins fort. Moi, je vais mettre près d'une heure et demie à franchir les quelques centaines de mètres qui me séparent de la délivrance. Plusieurs bateaux en profiteront pour s'intercaler. Je rage. Je suis en miettes. En temps cumulé, je viens de perdre le contact avec la tête de la course.

Une fois le bateau amarré, je refuse de sortir. Les larmes aux yeux, la gorge serrée, je reste prostré. Muet et les nerfs à vif. Cela dure une heure. Régine s'inquiète, elle ne m'a jamais vu ainsi. Elle tente de me raisonner, de relativiser l'importance d'une course, d'une étape de Figaro dans une vie. Rien à faire. Je suis étanche aux autres, tout à ma souffrance intérieure. Une huître. Fermé et buté. C'est Christian Le Pape, encore une fois, qui me sortira de ma prostration. Je finirai la journée par une soirée à la maison, dans le jardin, autour de bonnes bouteilles apportées par la bande de chez TBS. Une belle entorse à ma rigueur de sportif, mais un excellent exutoire à mon étrange état.

Cet épisode aura pour effet de me guérir définitivement de tous les sophrologues, psychologues ou analystes. Je suis comme je suis. Je veux bien progresser, je veux bien me remettre en question, mais pas de « prise de chou » sur le pourquoi du comment de tel ou tel comportement. À la fin de cette saison qui ne m'aura pas apporté beaucoup de satisfactions, j'ai jeté à la poubelle tous les outils du « psy ».

Bien m'en a pris apparemment. L'année suivante, je fais « sauter la banque », je suis vainqueur de la Porquerolles Méditerranée, de la Solo Dunes de Flandres, de la Solo CGMer Port-la-Vie. Je suis aussi champion de France Solitaire Habitable. Et surtout, je remporte la Solitaire du Figaro… et gagnant quasiment une manche sur deux sur l'ensemble de la saison. Pour quelqu'un qui n'a pas l'esprit de compétition, ce n'est finalement pas si mal.

# Épilogue

À lui seul, le Vendée Globe représente une aventure humaine extraordinaire. D'autant que les solitaires sont de moins en moins seuls. L'édition 2008-2009 réunissait sur la ligne de départ trente concurrents, dont vingt gagnants potentiels. Les feux de l'actualité sont restés braqués sur eux pendant trois mois. Nos prédécesseurs n'avaient pas autant de miroirs pour leur renvoyer leur propre image : dans une certaine mesure, ils étaient plus libres de leurs mouvements, puisque plus libres d'eux-mêmes et des autres. La pression psychologique n'est pas seulement intérieure. Elle est aussi extérieure.

Pourtant, je suis un sportif, pas un aventurier. Entre Bernard Moitessier et moi, il y a un monde, même si nous avons employé le même moyen de locomotion pour en faire le tour. Le public et les journalistes ne l'admettent pas toujours facilement, ils réclament du rêve même à bon marché, des contes de fées, non des comptes de faits. Et puis, il est plus facile pour un spectateur d'apprécier la beauté d'un enchaînement qui amène au but lors d'un match de foot que de s'émerveiller de la perfection d'une trajectoire en fonction d'une dépression dans une navigation en haute mer. Alors on pleure le cercle des poètes disparus, sans toujours soupçonner la plongée en très grande profondeur que représente une course aussi phénoménale que le Vendée Globe, qui nécessite, outre de maîtriser parfaitement des machines de plus en plus sophistiquées, de plus en plus performantes et de plus en plus difficilement contrôlables, d'avoir apprivoisé quelques-uns de ses démons comme la peur et le découragement dans des conditions que le commun des mortels jugerait proprement insupportables.

Ce qui distingue un régatier de la coupe de l'America et un coureur au large, c'est que le premier est une fine lame, au fil parfaitement aiguisé, mais au tranchant fragile. L'autre est un couteau suisse qui sait, ou doit savoir, tout faire en mer, quelles que soient les conditions. Pour cette raison, un coureur au large est toujours plus ou moins monomaniaque. Pour arriver à un tel degré de polyvalence, de compétitivité et de résistance, il faut être littéralement obsédé par « ça ». Et je sais que, pour les amis et l'entourage proche, il est parfois difficile d'y trouver son compte.

L'image du navigateur a beaucoup évolué au cours de ces vingt dernières années. Aujourd'hui, un marin solitaire a une position en vue et enviable alors qu'avant, c'était un marginal, vivant et usant d'expédients aux escales, pour joindre les deux bouts avant de les mettre. Avec d'autres, nous avons effacé, par nos modes de vie « normaux », avec salaires, familles et vacances, l'image du bourlingueur asocial et ostensiblement négligé parce que « philosophiquement » au-dessus des contingences, l'archétype du traîne-ponton à la recherche de son oxygène et des grands horizons qui toise avec mépris les pauvres terriens engoncés dans leurs vies étroites. Mais, paradoxalement, cette nouvelle ère implique un engagement humain plus important que la précédente et une responsabilisation plus grande. Comme d'autres skippers, je me retrouve à devoir vivre quatre vies : la mienne, celle de ma famille, celle de mon équipe et celle du public. Je ne peux pas, raisonnablement, décider un jour, en me levant un beau matin, de prendre la mer parce que ça me chante, en faisant un grand bras d'honneur à la société. L'époque de Moitessier est bien révolue.

Je ne suis pas un aventurier et ne prétends pas l'être. L'aventurier trace sa voie. Moi, je l'emprunte, à chaque fois que je peux, plus vite que les autres, si possible. Je suis avant tout un sportif et un technicien qui met toute son énergie et son intelligence à pratiquer son sport au plus haut niveau. Et je ne suis pas non plus unique en mon genre. Tous ceux qui prennent le départ d'une course comme le Vendée Globe ont sensiblement le même profil, un peu comme à un départ de 100 mètres aux jeux Olympiques : même gabarit, même préparation physique, même hargne dans les starting-blocks pour intimider l'adversaire.

Le plus grand danger pour un navigateur aujourd'hui vient de lui-même. Certains d'entre nous ont traversé les pires tempêtes, sont passés entre les écueils les plus meurtriers, mais n'ont pas résisté au chant des sirènes médiatiques : ils se sont échoués sur des plateaux de télévision ou de radio. Cela fait aussi désormais partie de notre métier : savoir louvoyer pour acquérir la notoriété nécessaire propre à séduire les sponsors et reprendre le large à temps. Après ma première victoire au Vendée Globe, j'aurais pu me brûler les ailes. Sollicité constamment, je finissais par trouver confortable cette représentation permanente. Le danger, mais c'est valable pour tout individu, est le décalage entre la personne qu'on est et l'image sociale qu'on projette, image qu'on contemple soi-même sur l'écran. Jamais, auparavant dans son histoire, l'homme, y compris celui qui va sur les mers, n'a été autant exposé au regard d'autrui. Jamais il n'a eu autant de miroirs tendus devant lui. Jamais la confusion n'a été aussi grande entre la « réalité » et le reflet, l'individu et son « avatar ».

Heureusement, la mer nous renvoie sans cesse à nous-mêmes. Je suis animé par un profond désir de vivre intensément. La solitude ne me gêne pas. La dureté des conditions ne m'étonne pas. Les contraintes de la course me laissent froid.

J'ai aimé porter ce projet et le vivre avec l'équipe qui m'a entouré. J'ai été heureux en mer pendant ce Vendée Globe. Je suis heureux de retrouver les miens et la terre. C'est aussi simple que cela.

Le large est là, attirant, fascinant, simple et brutal. *Foncia*, au ponton, danse doucement.

Le vent se lève.

Bientôt, je vais repartir.

# Palmarès

2009

**Vainqueur du Vendée Globe sur *Foncia*, en 84 jours, 3 heures, 9 minutes, 8 secondes.**

2007

3e de la Transat BtoB.

**Vainqueur de la Transat Jacques Vabre avec Emmanuel Le Borgne.**

**Vainqueur du Trophée Clairefontaine avec Christophe Espagnon et Xavier Revil.**

**Vainqueur de la Solitaire du Figaro.**

2006, à bord de *Géant*

4e de la Route du Rhum 2006.

3e du grand prix de Fécamp.

3e du grand prix de Portimao.
2e du grand prix de Marseille.
2e du grand prix de Trapani.
2e du Trophée du Conseil général des Alpes-Maritimes.
3e de Londres-Alpes-Maritimes.

**2005, à bord de *Géant***
3e de la Transat Jacques Vabre avec Hugues Destremau.
2e de la Solitaire Afflelou Le Figaro.
4e du grand prix de Corse.
3e du grand prix de Marseille Métropole.
3e du grand prix de Galice.
2e de l'IB Group Challenge.
3e de la Giraglia Rolex Cup.

**2004, à bord de *Géant***
**Vainqueur de la Transat.**
2e du championnat ORMA.
3e de la Québec-Saint-Malo.
4e du grand prix de Marseille.
6e du grand prix de Corse.
4e du grand prix de Fécamp.
**Vainqueur du Trophée Clairefontaine.**

**2003, à bord de *Géant***
2e du championnat ORMA.
2e du grand prix Cap L'Orient.
4e du grand prix d'Italie-Cagliari.
3e du grand prix de Marseille Métropole.
3e du grand prix du Port de Fécamp.

4e du Challenge Mondial Assistance (Cherbourg-Rimini).
4e de la Transat Jacques Vabre (Le Havre-Salvador de Bahia) avec Hervé Jan.
**Vainqueur du Trophée Clairefontaine.**

**2002, à bord de *Géant***
**Vainqueur de la Route du Rhum en multicoque en 13 jours 7 heures 53 minutes.**

2001
**Vainqueur du Vendée Globe à bord de *PRB* en 93 jours 3 heures 57 minutes.**
Coauteur du livre *L'Enfant de la Vallée des fous* (Gallimard).
Marin de l'année FFV.
**Vainqueur du Trophée Clairefontaine.**

1998
Transat AG2R sur *Groupama*, avec Franck Cammas (vainqueur de la première étape).
**Vainqueur de la Solitaire du Figaro à bord de *TBS*, de la Porquerolles Solo Méditerranée, de la Solo Dunes de Flandre, de la Solo CGMer Port-la-Vie**
**Champion de France Solitaire Habitable.**

1997
Vice-champion de France Solitaire Habitable.

1996
4e de la Transat AG2R avec Roland Jourdain.
2e de la Solitaire du Figaro sur *TBS*.

**Champion de France Solitaire Habitable sur *TBS*.**

1995

Skipper du Figaro Solo *TBS* (vainqueur d'une étape de la Solitaire du Figaro), vice-champion de France en équipage.

1994

**Vainqueur du Trophée des multicoques sur *Fujicolor*.**
Pilote d'essai sur l'*Hydroptère*.

1993

Saison à bord du Maxi yacht *La Poste*.
Chef de quart pour la Whitbread.

1992

**Vainqueur de la Solitaire du Figaro.**
**Vainqueur de la Transat AG2R (Lorient-Saint-Barthélemy) avec Jacques Caraës.**
**Vainqueur du National Figaro Solo.**

1991

Vainqueur de la deuxième étape de la Transat 6,50.
2e de la Solitaire du Figaro.

1990

**Vainqueur de la Twostar (transat en double) à bord d'*Elf Aquitaine III* skippé par Jean Maurel.**
4e de la Solitaire du Figaro (1er bizuth).

**1989**

Tacticien à bord de *Biscuits Cantreau*, trimaran de 40 pieds : victoires aux grands prix de Porto Fino (Italie) et de Morges (Suisse).
**Vainqueur de la sélection Skipper Elf Aquitaine.**

**1987**

Tacticien à bord de *CDK*, trimaran 40 pieds, skippé par Roland Jourdain : 3e au championnat du monde des Formules 40.

**1985-1986**

Tour de France à la voile, 3 victoires d'étape.
Équipier sur *Côte d'Or*, maxi-monocoque skippé par Éric Tabarly pour la Whitbread.
Équipier sur *Crédit Agricole II*, maxi-catamaran skippé par Philippe Jeantot : vainqueur de la Course de l'Europe.

# Glossaire

**Accastillage :** ensemble des équipements qui permettent de manœuvrer les voiles (taquets, poulies, winchs, etc.).

**Amure (bâbord, tribord) :** côté d'où vient le vent. Le voilier qui navigue tribord amure reçoit le vent sur sa droite ; il est prioritaire sur celui qui navigue bâbord amure et reçoit le vent sur sa gauche.

**Barre de flèche :** tube qui écarte les haubans du mât.

**Bloqueur :** mécanisme qui permet de coincer un cordage, même sous forte tension.

**Bôme :** tube horizontal qui tient le bas de la grand-voile.

**Bordé du bateau :** surfaces de la coque qui lui donnent sa forme.

**Border une voile :** reprendre l'écoute d'une voile, tirer dessus ; le contraire est choquer une voile, soit relâcher l'écoute.

**Bouts :** terme générique désignant l'ensemble des cordages sur un voilier (se prononce « boute »...).

**Bout-dehors :** tube fixé à l'avant du bateau, sur lequel sont établies les grandes voiles de portant, spis et gennakers.

**Chandeliers :** poteaux qui tiennent les filières, l'ensemble formant une sorte de rambarde autour du pont du voilier.

**Cockpit :** zone en contrebas du pont, d'où sont effectués la plupart des réglages et des manœuvres de voile.

**Coursive :** couloir de paquebot ; à bord de *Foncia*, les coursives sont les côtés de la cabine, où sont entreposés les sacs de matériel, nourriture, équipement de sécurité, pièces de rechange, etc.

**Dérive :** planche profilée qui, descendue sous la coque, empêche le bateau de dériver, de « marcher en crabe ». Sur un voilier classique, cette fonction anti-dérive est assurée par la quille. On peut aussi parler de la dérive du bateau : dans ce cas, le terme désigne l'angle entre l'axe longitudinal du bateau et sa trajectoire réelle.

**Drisse :** cordage qui permet de hisser, ou affaler, une voile et de la maintenir en haut du mât.

**Écoute (et contre-écoute) :** cordage qui permet de régler la voile.

**Empannage :** changement d'amure en passant vent arrière : c'est l'inverse du virement de bord où on change d'amure en passant « bout au vent », c'est-à-dire avec le vent de face.

**Enrouleurs :** système de stockage qui permet d'enrouler les voiles sur elles-mêmes, autour du câble d'étai.

**Étai :** câble qui tient le mât sur l'avant.

**Espar :** terme regroupant mât, bôme, outriggers, tangon et bout-dehors.

**Étrave :** avant du bateau, proue.

**Foc :** petite voile d'avant triangulaire utilisée quand le vent est fort.

**Gennaker :** grande voile d'avant triangulaire utilisée quand le vent est plus faible et qui est particulièrement efficace aux allures portantes, c'est-à-dire quand la direction du vent vient de l'arrière ou des trois quarts arrière du bateau.

**Génois :** voile d'avant intermédiaire entre le foc et le gennaker. Le foc, le gennaker, le génois, la trinquette et le solent sont toutes des voiles d'avant de forme triangulaire avec des variations de taille (plus ou moins grande) et des variations de forme (plus ou moins creuse), ce qui permet des plages d'utilisation différentes en fonction de la direction et de la force du vent.

**Grand-voile :** voile qui est hissée le long de l'arrière du mât et accrochée à l'arrière de la bôme.

**Gréement :** on différencie le gréement dormant, celui qui est fixe (haubans, étais, bastaques), et le gréement courant, celui qui sert à la manœuvre (drisses, écoutes, etc.). Par extension, le terme désigne tout ce qui est au-dessus du pont et sert à porter des voiles (espars, câbles et cordages).

**Hale-bas :** réglage qui tire la bôme (et, donc, la voile) vers le bas.

**Haubans :** câbles qui tiennent le mât sur les côtés.

**Jupe :** partie arrière de la coque qui n'est pas couverte par le pont.

**Mille :** mille marin, soit l'équivalent de 1 minute de latitude, c'est-à-dire 1 852 mètres.

**Nœud :** unité de vitesse utilisée sur l'eau et dans les airs et représentant des milles par heure.

**Outrigger :** espar qui écarte les haubans au-delà de la largeur de la coque.

**Portant :** allure où le bateau est poussé par le vent, à partir du vent de travers jusqu'au vent arrière. Le portant s'oppose au près, allure où le bateau remonte dans l'axe du vent, en tirant des bords.

**Quille :** appendice sous la coque, qui concentre une bonne partie du poids d'un voilier monocoque et en assure la stabilité à l'endroit. Sur les voiliers de course, elle est composée du voile, lame effilée, et du bulbe en plomb, qui représente à lui seul le tiers du poids du bateau.

**Ris :** principe de réduction de surface de la grand-voile. On affale partiellement en ramassant le long de la bôme une bande de tissu. Une grand-voile est équipée de une à quatre bandes de ris. Le bas ris est ce qui reste en l'air quand on a pris tous les ris.

**Safran :** appendice qui s'oriente dans l'eau, le plus souvent à l'arrière de la coque et qui, commandé par la barre, sert à diriger le voilier. Quand les bateaux sont très larges à l'arrière, ils sont équipés de deux safrans, de sorte que, quand le bateau navigue penché, l'un des safrans puisse rester efficace dans l'eau.

**Solent :** bras de mer étroit entre l'île de Wight et l'Angleterre où fut inventée une voile efficace, aérodynamique et facile à manœuvrer ; par extension, terme désignant cette voile, qui est une sorte de foc.

**Sous-barbe :** câble qui relie le bas de l'étrave à l'avant du bout-dehors, pour le tenir vers le bas.

**Spi :** diminutif de spinnaker ; grande voile ballon en tissu léger, qui sert aux allures proches du vent arrière. J'avais trois spis à bord, de 420 à 350 mètres carrés, sur une drisse en tête de mât, d'où l'appellation spi en tête ou de tête. Le grammage du tissu conditionne sa solidité et, donc, la gamme de vent pour sa bonne efficacité. Pour cette raison, on parle de spi léger ou lourd. Certains bateaux sont équipés de spis plus petits sur des drisses plus basses que la tête de mât.

**Trinquette :** voile triangulaire plus petite que le solent et plus grande que le foc (90 mètres carrés).

**Winch** : terme anglais désignant un treuil ; on manœuvre les voiles soit avec une simple manivelle, soit avec une double manivelle sur un pied, situé au milieu du cockpit, qu'on appelle moulin à café.

# Remerciements

Merci à tous les Broken Arms : Jean-Paul Roux, Marc Liardet, Jean-Philippe Guillemot, Dimitri Voisin, Fred Robin, Nat Archias, Ludo Ensargueix, Julien Marcelet, Laurent Dorval, Paul Duval, Clément Rivé, Régine Bornens..., sans oublier Christophe Pile et ses blagues à deux balles. Ils m'ont porté et supporté. Et inversement !

À Laurence Dacoury et Stéphanie André de l'agence Blanco Negro, qui me guident dans la jungle des médias.

À Yannick « Zébulon » Perrigot, François Lamotte et toute l'équipe de Windreport.

Merci à Julien Benoist, responsable sponsoring chez Foncia et à tous ses collaborateurs.

À Hubert Desjoyeaux et toute l'équipe de CDK qui construisent de si beaux bateaux.

À Christian Le Pape, Sophie Roumet, Gilles et Sandrine Chéry, pour leur concours précieux dans la réalisation de ce livre.

Merci à Odile Jacob et Cécile Taverne des Éditions Odile Jacob.

Et enfin, merci à Jacky Lorenzetti, qui m'a fait confiance et m'a permis d'être au départ de ce deuxième Vendée Globe.

# Crédits photographiques

## Cahier 1

Page 1 : © Benoît Stichelbaut (DR)
Page 2, en haut : © Jean-Baptiste Epron (DR)
Page 2, au milieu et en bas : © Mer Agitée
Page 3 : © Mer Agitée
Page 4 : © Yvan Zedda/Foncia
Page 5 : © Yvan Zedda/Foncia
Page 6, en haut à gauche : © Yvan Zedda/Foncia
Page 6, en haut à droite : © Antoine Beynié (DR)
Page 6, en bas : © Mer Agitée
Page 7, en haut : © Antoine Beynié (DR)
Page 7, au milieu et en bas : © Yvan Zedda/Foncia
Page 8, en haut : © Yvan Zedda/Foncia
Page 8, en bas : © Gilles Martin-Raget (DR)

## Cahier 2

Page 1 : © Gilles Martin-Raget/Foncia
Page 2, en haut : © Yvan Zedda/Foncia
Page 2, en bas : MD, collection personnelle (DR)
Pages 3, 4, 5 : MD, collection personnelle (DR)
Page 6, en haut : MLG (DR)
Page 6, au milieu : © Pilpré Arnaud/Studio Zedda
Page 6, en bas : © Yvan Zedda/Foncia
Page 7, en haut : MD, collection personnelle (DR)
Page 7, en bas : © Mer Agitée
Page 8, en haut : MD, collection personnelle (DR)
Page 8, en bas : © J.-C. Marmara/Vialeron (DR)

www.meragitee.com

CET OUVRAGE A ÉTÉ COMPOSÉ
ET MIS EN PAGES CHEZ NORD COMPO (VILLENEUVE-D'ASCQ)
ET ACHEVÉ D'IMPRIMER SUR ROTO-PAGE
PAR L'IMPRIMERIE FLOCH À MAYENNE
EN MAI 2009

N° d'impression : 73862
N° d'édition : 7381-2193-X
Dépôt légal : mai 2009

*Imprimé en France*